Carl Manuel / Jeremias Gotthelf

Jeremias Gotthelf

Sein Leben und seine Schriften

Dargestellt von Carl Manuel

Eugen Rentsch Verlag, Erlenbach-Zürich
München und Leipzig

Sanft war sein Leben, und so mischten sich
Die Element' in ihm, daß die Natur
Aufstehen durfte und der Welt verkünden:
Das war ein Mann!

Shakespeare

Ich veröffentliche in diesem Buche den ersten Abschnitt der Gotthelf=Biographie des Berners Carl Manuel, die im Jahre 1861 im Rahmen der Springerschen Gesamtausgabe in Berlin erschienen ist. Ich glaube, damit einen Wunsch vieler Gotthelf= leser zu erfüllen, denn die geplante umfassende Gotthelf=Bio= graphie Rudolf Hunzikers kann natürlich erst nach Abschluß meiner Gesamtausgabe fertig gemacht und veröffentlicht werden. Bis dahin soll die Darstellung Carl Manuels die Lücke aus= füllen. Es ist bis jetzt nichts besseres über Gotthelf geschrieben worden. Freilich steht unsere Zeit anders zu Gotthelf, als die Zeit Manuels. Das Zeitliche an seinem Werk ist abgebröckelt. Klar zutage liegt sein unerschöpflich tiefes Menschentum, vor allem aber seine große Kunst, des Menschen Innenleben bildhaft und doch bis an die letzten, ewig ungeklärten Gründe darzustellen. In die metaphysische Welt Gotthelfs einzuführen, ist aber nicht der Zweck dieses kleinen Büchleins. Dazu dienen besser die Werke des gewaltigen Dichters selbst.

Erlenbach=Zürich 1922   Dr. Eugen Rentsch

Das Leben des trefflichen Mannes, welches wir darzustellen
versuchen wollen, ist kein durch äußere Schicksale ausgezeich=
netes, durch wechselvolle Ereignisse merkwürdiges Leben. Es
hat vielmehr dasselbe einen so geebneten, ruhigen Verlauf, es
ist, möchten wir sagen, von so einfacher Komposition, so aus
einem Stücke, daß wir, um den Reichtum desselben zu entdecken,
uns nach innen wenden müssen, und daß dieser große innere
Reichtum uns oft durch seinen Kontrast mit den bescheidenen
und stetig einförmigen äußeren Verhältnissen in Verwunderung
setzt. Wir haben da von keinen pikanten, romantischen Wendungen
in dem Lebensschicksal des Dichters, von keiner der Welt durch
seltsame Vorbedeutungen kund gewordenen Vorherbestimmung
zu künftigem Ruhm zu erzählen. Alles ist normal, von realer
Färbung, von nüchterner Physiognomie, möchten wir sagen. Es
ist ein heiteres, glückliches Leben, das uns entgegentritt, ein Leben,
das lange in sich selbst den großen Schatz verschloß, der plötzlich
der Welt offenbar wurde, ohne daß sie begriff, wie es gekommen
sei, daß der Schacht sich so unerwartet geöffnet, daß die reiche
Metallader sich nicht schon früher gezeigt habe. Denn in der Tat,
der schriftstellerische Beruf von Bitzius, der so spät und zugleich
so entschieden hervortrat, der gleich bei den ersten Werken nicht
den geringsten Zweifel übrig ließ an der großen geistigen Kraft,
die sich da entfaltete, könnte mit einer Quelle verglichen werden,
die auf einsamer Bergeshöhe plötzlich hervorsprudelt, die aus eigener
geheimnisvoller Gewalt die Decke der Erde sprengt, die sie bisher
verbarg, oder mit einer Pflanze von seltener Gestalt und lieblichem
Duft, die in stillem Waldesgrunde emporwuchs, von welcher man
nichts ahnte, bis man sie in ihrer Schönheit erblickte. Es war
eine geistige Pflanze, die ohne fremde und äußerliche Antriebe,

aus der Seele mütterlichem Boden
Freiwillig sproßt und ohne Gärtners Hilfe
Verschwenderische Blüten trieb.

Wir sehen in seinen mannigfachen Schöpfungen den reichsten
Naturtrieb walten, wir sehen jene instinktive und intuitive Produktion, welche dem Genie eigen ist, und diese Produktionskraft
war so groß, breitete sich so weit aus, daß wir bei Bitius nicht,
wie bei Schriftstellern, die nur wenige spärliche Denkmale ihres
Geistes hinterließen, mühsam in seinem Leben forschen müssen,
um seine Schriften zu enträtseln. Wir finden vielmehr sein Leben,
seine ganze Form und Anschauungsweise, sein ganzes Sein und
Streben bereits in seinen Werken, die sich gegenseitig aufs reich=
lichste ergänzen, aufs klarste erläutern und das volle Bild des
Mannes geben, den ganzen Mann uns darstellen. Der Biograph
kann daher hier wenig leisten. Bitius ist selbst sein bester und
ausführlichster Biograph gewesen. Seine Werke enthalten zu=
gleich sein Leben, wenigstens den Kern, das Eigentümliche des=
selben. Wir können nur einige Umrisse beifügen, das Zerstreute
sammeln und in Zusammenhang bringen, hier und da Miß=
verständnisse aufhellen, einzelnes erläutern und das Ganze in
einen möglichst einheitlichen Rahmen fassen. Und wenn wir auch
nichts vernachlässigen oder übergehen dürfen, was zur helleren
Beleuchtung dieses Gesamtbildes beitragen kann, so müssen wir
auf der anderen Seite auch stets die Voraussetzung festhalten,
daß wir über den Mann und seine Schriften als über einen alten
guten Bekannten des Lesers sprechen, der nicht mit der gleichen
Förmlichkeit wie etwa ein ganz Fremder bei ihm einzuführen
ist. Ohne Zeremonie, wie Bitius selbst der Leserwelt sich vorstellt,
verlangt auch diese letztere ergänzende Nachricht über sein Leben,
das sie zwar in seinem wichtigsten Inhalt, aber der äußeren Form
nach nur fragmentarisch kennt; sie verlangt über einiges Aufschlüsse,
über anderes Ergänzungen. Sie möchte dem Lebenslauf des ihr
lieb gewordenen Mannes folgen. Sie will ihn zu Hause, in der
Heimat aufsuchen und dann sein möglichst treues, vollständiges
Bild in eines jeden eigener Heimat, im eigenen Hause, als das
Bild eines heimgegangenen Freundes aufstellen, welcher zum

8.

eigenen geistigen Leben des einzelnen in so reichen Beziehungen
stand. In diesem Sinne möge unsere Darstellung aufgenommen,
nach diesem Bestreben, dessen Erfolg oft genug der Nachsicht
bedürfen wird, möge sie gemessen werden.

Die Familie Bitzius ist ein älteres Geschlecht Berns, welches
schon zur Zeit der Reformation in der Stadt Burgrecht hatte.
Der Name selbst ist ursprünglich der Taufname Sulpicius,
der in der Abkürzung „Bitzius" im fünfzehnten und sechszehnten
Jahrhundert häufig vorkommt und im gewöhnlichen Leben auch
mit „Bitzi" ausgesprochen wird (wie Xandi statt Alexander, und
andere mehr). So liest man in Anshelms Berner Chronik von
einem Bitzius Haller, Bitzius Streler, Bitzius Archer, Bitzius
Wyßhan usw. Mehrere der Familie Bitzius bekleideten vor Jahrhunderten wichtige Ämter in der alten Republik. So war im
sechzehnten Jahrhundert ein Bitzius Großweibel des souveränen
Rats, später Vogt zu Aarwangen, Hofmeister zu Königsfelden,
was jetzt Oberamtmann heißen würde (das aufgehobene Kloster
wurde eine bernische Amtei), dann Zeugherr und Mitglied des
kleinen Rats. Von den Söhnen desselben, durch welche das Geschlecht sich in zwei Stämme spaltete, die noch heute dasselbe
repräsentieren, war der eine, Hans, ebenfalls Mitglied des großen
Rats, Kastellan zu Wimmis, der andere, Ulrich, wie sein Vater
Großweibel, dann Vogt zu Brandis (dem einst stolzen, nun selbst
in seiner Ruine verschwundenen Schlosse bei dem Dorfe Lützelflüh
in der Höhe, welches wir im „Ritter von Brandis" kennen lernen
und in der „Wassernot") und endlich ebenfalls Mitglied des kleinen
Rats. Von diesem Ulrich stammt unser Bitzius im sechsten Grade
ab. Sein Vater war Sigmund Friedrich Bitzius, geboren 1757,
welcher sich, dem Beispiele des Großvaters folgend, dem geistlichen Beruf widmete, und im Jahre 1786 die Pfarrei Murten
erhielt. Er hatte drei Frauen. Die dritte derselben war Elisabeth
Kohler, aus einem ansehnlichen Geschlecht der Stadt Büren,
unseres Bitzius Mutter, welcher am 4. Oktober 1797 als erster

Sohn geboren wurde und in der Taufe den Namen Albert bekam. Seine Geburt fiel in einen für die Geschichte Berns verhängnisvollen Zeitpunkt; denn gerade fünf Monate später zogen die Franzosen unter Schauenburg in seine Vaterstadt ein, welche seit ihrer Gründung, seit sechs Jahrhunderten, den ersten Feind in ihren Mauern sah. In Murten hatten die vorbeimarschierenden feindlichen Scharen das alte sogenannte Beinhaus zerstört, in welchem zum Andenken an die für die Schweizer glorreiche, für die Stadt Bern rettende Schlacht gegen Karl von Burgund die Gebeine der gebliebenen Burgunder moderten; eine späte Revanche an der sonderbaren charakteristischen Trophäe! Einen klassischeren Boden gibt es kaum in der Schweiz als dieses Murten mit seinem überaus lieblichen und fruchtbaren Gelände und dem herrlichen See, dessen Einfassung zwar weniger pittoresk ist als diejenige manches anderen Schweizer Sees, aber von mildem, südlichem Kolorit. Von der Mitte des östlichen Ufers desselben erhebt sich die freundliche Stadt, welche mit ihren Ringmauern und Türmen noch ganz ihre altertümliche Physiognomie beibehalten hat und vom See aus gesehen mit der sie umschließenden hüglichten Landschaft von der reichsten Vegetation einen reizenden Anblick gewährt.

Auf diesem schönen Fleck Erde voll großer Erinnerungen verlebte der Knabe Bitzius seine ersten Jahre und empfing die ersten Natureindrücke. Wir kennen alle die Macht solcher Kindheitseindrücke. Besonders haften große früh empfangene Naturbilder, wie Seen, Ströme und dergleichen, tief in unserer Einbildungskraft, und Bitzius war ein überaus erregbarer, phantasiereicher Knabe. Wenn in den Schriften des Mannes später so oft Gleichnisse vorkommen, die aus dem Leben des „bald lächelnden und zum Bade ladenden", bald brausenden und in Sturm gehüllten Sees entlehnt sind, so mag wohl der See seiner Kindheit seine Bilder ihm geliehen haben, und wohl mochte sein Geist gerne jene ersten dämmerhaften und träumerischen Tage in der Er-

innerung auffuchen und mit dem zauberifchen Schimmer der
Poefie vergolden und verklären. Der Knabe war bald fieben
Jahre alt und befuchte bereits die Schule, in welcher der Lehrer
ihm das Zeugnis gab, der Kopf fei gut, aber die Füße wollten
fich nicht ftillehalten, als im Jahre 1804 fein Vater zum Pfarrer
in Utzenftorf gewählt wurde und aus dem ftädtifchen Leben
Murtens in dies große Dorf überfiedelte. Utzenftorf, nicht gerade
pittoresk in einer großen Ebene liegend, ift ausgezeichnet durch
die Fruchtbarkeit des ganzen Geländes und den Wohlftand feiner
Bewohner. Nicht weit von der in breitem Bett, aber oft mit geringem Waffer der Aare zuftrömenden Emme, zwifchen den beiden
Hauptftraßen nach Aarau und nach Solothurn, von Bern etwa
fünf Stunden entfernt, ift diefes Dorf — mit feinen herrlichen
Wiefen, die von zahlreichen Bächen des klarften Waffers gewäffert
werden, mit feinen fruchtbaren weiten Äckern, mit feinen präch-
tigen Obftgärten, die im Sommer den ftattlichen Ort befchatten,
und mit feinen fchönen Umgebungen, dem von Waffer rings
umgebenen Schloffe Landshut, dem reichen und fruchtbaren
Nachbardorf Bätterinden — der wahre Typus eines ftolzen und
gefegneten Berner Dorfes, wie fie in diefem Kanton der „freiherrlichen Bauerfame" und des agrikolen Reichtums zu finden
find. Bitzius fagt irgendwo, auf die vielen Kreuz- und Querwege
der großen Ortfchaft anfpielend, der Fremdling finde hier alles,
was er fuche, doch felten den rechten Weg. Bitzius hat mehrmals
in feinen Erzählungen die Szenerie nach dem ihm fo wohl-
bekannten Utzenftorf verlegt. Das ganze große Gebiet land-
abwärts gegen Solothurn und den Aargau zu gleicht einem
fruchtbaren Garten. Der Wert des Bodens fteigt hier aufs höchfte,
und die agrikole Phyfiognomie des Berner Landes entfaltet gerade in diefen Gegenden ihren größten Reichtum. Hier, im ländlich
behaglichen Utzenftorf, brachte nun Bitzius feine Knabenjahre
zu, und es kann als ein für feine Entwicklung nicht ganz unwichtiger
Umftand angefehen werden, daß zur Pfarre Utzenftorf ein be-

deutendes Stück Land gehörte, welches eine eigentliche Bewirt=
schaftung zuließ. Der Pfarrer übernahm diese zuweilen selbst
als wichtige Quelle seines Einkommens, da der Pachtzins an
den Fiskus nur gering war. Der Knabe Albert, der für die
Außenwelt früh ein ganz offenes Auge hatte und einen scharfen
Beobachtungsgeist für alle kleinen und neuen Erscheinungen des
täglichen Lebens zeigte, fing bald an, sich in diese landwirtschaft=
lichen Verhältnisse des Hauses einzuleben. Er griff, nach der Art
lebensvoller Knaben, selbst zu, legte Hand an, wo er konnte,
ward vertraut mit den Werkzeugen und der Ausführung der
ländlichen Arbeiten. Er hielt früh Tiere, die er mit großer Sorg=
falt und Liebe behandelte; er machte sich mit Pferden und Kühen
zu schaffen. Reiten wurde später sein Vergnügen, und er unter=
richtete sogar einmal in dieser edlen Kunst einen älteren Freund
und Vetter, der ihn in den Schulferien besuchte. Das Pfarrhaus
in Utzenstorf vereinigte für den Knaben die Vorzüge eines Hauses
von städtischer Bildung mit denjenigen eines freien, ungezwun=
genen, heiteren Landlebens. Da sein Vater mehr die ökonomische
Oberleitung sich vorbehielt, um das Detail dagegen sich weniger
kümmerte, so beschäftigte sich der Sohn mit solchen Einzelheiten
und zeigte bald Anlage, ein kundiger Landwirt zu werden. —
Der junge rührige Albert war übrigens, wie sich denken läßt,
ein schlauer Knabe, dem allerlei Schliche zu Sinne stiegen. So
verlockte er einmal eine der Hennen, die seiner Mutter gehörten,
zu einem geheimen Nest, und als nun Ostern herannahte, fragte
er, im Bewußtsein des Besitzes eines den übrigen unbekannten
Eierschatzes, mit schalkhafter Miene seine Mutter, wieviel Eier
er und seine Geschwister bekommen würden, indem er bedeutsam
und geheimnisreich hinzusetzte, er könne dann auch einen mäßigen
Beitrag dazu liefern. Diese praktische und wirtschaftliche Richtung
tat indessen anderen mehr den Geist fesselnden Beschäftigungen
keinen Eintrag. Albert Bitzius las sehr gern und vielerlei. Seine
Lieblingslektüre war Schweizer Geschichte, Chroniken und der=

gleichen. Auch Romane las er ziemlich früh in nicht geringem
Maß. August Lafontaine und andere waren gute Bekannte und
eifrig aufgesuchte Freunde. Diese Romanlektüre schadete indes
dem kerngesunden Geist wenig und bereicherte seine Phantasie,
die von außen wenig Nahrung erhielt. Dieselbe muß indessen
schon früh ziemlich aufgeregt gewesen sein. Er hatte namentlich
viel mit Räubergeschichten zu tun, und wenn sein Vater abwesend
war und bei Tage nicht heimkehrte, wollte er ihm Leute mit
Laternen entgegenschicken, aus Furcht, er sei in die Hände von
Räubern gefallen; ja, er stellte sich vor, sein Vater sei selbst Räuber=
hauptmann und dergleichen. Diese Vorstellungen gestand er zwar
erst in viel späteren Jahren seiner Familie ein, wenn er auf
seine Jugendzeit zu sprechen kam, allein des Knaben Betragen
bei solchen Gelegenheiten verwunderte schon früh seine Familien=
genossen.

Der Knabe wurde übrigens zwar streng und einfach, jedoch
stets liebreich erzogen. Sein Vater unterrichtete ihn selbst, be=
sonders im Lateinischen, um ihn auf die Literarschule in Bern
vorzubereiten, da er Theologie studieren sollte. Er tummelte sich
auch wacker mit den Dorfknaben herum und machte diese erste
Lebensschule des Verkehrs mit Gleichaltrigen in vollem Maße
durch. So lernte er namentlich früh die ländlichen Spiele wie
„Hurnußen“ usw. und zeichnete sich dabei aus. Er war kamerad=
schaftlich und verträglich. In seinem Charakter traten bald zwei
Haupteigenschaften mehr und mehr hervor und gaben ihm die
bestimmenden Umrisse: eine große Gutmütigkeit, ein sehr gutes
Herz, wie man sagt, dessen Grundton neidloses Wohlwollen war
und keine langdauernden oder tief haftenden Mißgefühle gegen
andere zuließ, zugleich aber ein starkes Rechtsgefühl, welches
überall und für alle Partei nahm, die nach seiner Ansicht Unrecht
litten. Dieses Rechtsgefühl äußerte sich mit Rücksichtslosigkeit und
wurde zu einem gewissen Oppositionsgeist, der leicht widersprach,
und der Neutralität nicht leiden konnte. Er war derb und frei=

mütig, wenn er für irgend jemand den Fürsprecher machte, und
gewöhnte sich schon als Knabe, sein Urteil über Recht und Unrecht
in einem gegebenen Fall nicht zurückzuhalten. „Du nimmst für
jeden Lump Partei!“ sagte ihm einmal bei Tische sein Vater,
als er sich für ein Individuum warm verwendete, das gerade,
und wie es scheint, nicht in günstiger Weise, besprochen wurde.
Ohngeachtet dieses Oppositionsgeistes war Bitzius ein diszi-
plinierter und folgsamer Knabe, der zwar oft über das Befohlene
und Aufgetragene murrte und räsonnierte, es aber doch ausführte
und nach dem Befehl tat, während sein etwas jüngerer Bruder
Fritz, von ungleichem Charakter, zwar bessere Worte gab und
dem Befehlenden nicht widerstrebte, aber aus Trägheit das Aufgetragene nicht tat. Die Mutter Bitzius pflegte daher zu sagen,
sie wolle lieber das Räsonieren von Albert, weil sie sicher sei,
daß die Sache doch gemacht werde, als die Scheinfolgsamkeit
und Bereitwilligkeit von Fritz, bei welcher dann nichts heraus-
komme. Albert war überhaupt der rauhere und derbere der beiden,
und wie das zu gehen pflegt, waren diese Eigenschaften nicht
geeignet, ihm den Vorrang vor seinem Bruder zu verschaffen.
Von Verzogenheit und Verzärtelung konnte also bei ihm keine
Rede sein. Die etwa zehn Jahre ältere Stiefschwester Marie
war, wie der Altersunterschied es mit sich brachte, weniger Ge-
spielin des Knaben als schwesterliche Schutzpatronin. Die Mutter
Bitzius war eine heitere, freundliche, lebhafte Frau, welche schlicht
und recht, ohne Prätension, nach einfachen Grundsätzen die Erziehung ihrer Kinder leitete. Sie war weder barsch noch allzu
zärtlich gegen sie und wurde von ihnen stets als eine liebevolle,
treffliche Mutter verehrt.

In diesem seinem elterlichen Familienkreise hatte Albert Bitzius
etwa acht Jahre verlebt und stand im fünfzehnten Altersjahr, als er
die Literarschule in Bern (von dem grünen mit schwarzem Sammet
ausgeschlagenen Schulrock die g r ü n e genannt) bezog, um später
in die theologische Fakultät einzutreten. Der Zeitpunkt seines

14

Eintritts in die öffentliche Schule war insofern ein besonders
günstiger, als gerade damals ein neuer vorzüglicher Lehrer an
das obere Gymnasium berufen wurde, welches sich in etwas
anarchischem Zustand befunden hatte und energischer Leitung
bedurfte. Dieser Lehrer war Professor Samuel Lutz, später als
theologischer Lehrer an der Hochschule ausgezeichnet, eine impo-
nierende Persönlichkeit von würdevollem Ernst, gründlicher
Bildung und edlem Charakter, ein Mann, der mit großer Autorität
auf seine Schüler wirkte und ihnen in seinem ganzen Wesen wie
eine römische Gestalt erschien. Seine Pensen am Gymnasium
waren die alten Sprachen. Die Art seines Vortrages und seine
Methode, selbst die Auswahl der zu interpretierenden Schriftsteller und Stücke waren fast ebensosehr wie auf streng philologi-
sches Wissen auf Charakterbildung und Gesinnung gerichtet. Er
übte auf die in seinen Pensen mit Vorliebe arbeitenden Schüler
einen gewissen Zauber aus, der seinen Namen unter den Lehrern
jener Periode zum gefeiertsten machte, und der allen seinen besseren
Schülern unvergeßlich geblieben ist. — Unter diesem Lehrer,
der zugleich Direktor des Gymnasiums war, machte Bitzius die
reglementarischen zwei Gymnasialjahre durch. Indessen waren
die alten Sprachen und die Sprachen überhaupt nicht sein Lieb-
lingsfach und scheinen ihn auch später nie sonderlich angezogen
zu haben, woran zum Teil Lehrmethode und Manier späterer
Lehrer schuld haben mögen.

Im Jahre 1814 trat er in die so geheißene Akademie (Hochschule)
ein und wurde Student. Nach der damaligen Einrichtung erforderte
der theologische Lehrkurs sechs Jahre, von welchen die letzten drei
den speziellen theologischen Disziplinen, die drei ersteren mehr
den propädeutischen Fächern, wie Sprachen, Physik, Mathematik,
Philosophie, gewidmet waren. Diese ältere Einrichtung hatte das
Eigentümliche, daß die Universitätszeit und die damit verbundene
Freiheit zwei Jahre früher eintraten, etwa nach der Tertia der
heutigen Gymnasien. Diese frühe Freiheit mochte zwar hier und

da bei vorgeschritteneren Köpfen Entwicklung und Selbständigkeit
fördern, wurde aber manchem Studierenden gefährlich, der schon
im fünfzehnten oder sechzehnten Jahre sich selbst überlassen blieb.
Wohl demjenigen daher, dessen Studien in solchem Zeitpunkt
durch den Rat älterer Freunde, befreundeter Lehrer oder des
eigenen Vaters jener Klippe entgingen und der notwendigen
Leitung und Disziplinierung nicht entbehrten.

Bitzius wurde auch hierin von den Verhältnissen begünstigt und
genoß das Glück, seine innere Entwicklung, durch keinen despo-
tischen Zwang gehindert, auf Abwege gedrängt zu sehen und
doch seiner Unerfahrenheit nicht gänzlich überlassen zu bleiben.
Es wurde ihm wohlwollender Rat, reifere Einsicht und Leitung
gebildeter Geister zuteil, die, ohne über ihn herrschen zu wollen,
seine Studien bestimmten und auf seine Fragen Antwort und
Weisung geben konnten. Er wohnte nämlich während der ersten
Jahre seines Aufenthaltes in Bern im Hause seines Oheims
Studer, Professor der Theologie, dessen Söhne, Bitzius' Vet-
tern, zugleich seine vertrauten Freunde waren. Ein besonderes
Vertrauensverhältnis bestand zwischen Bitzius und seinem Vetter
Bernhard Studer, dem späterhin ausgezeichneten Mathe-
matiker und berühmten Geologen. Dieser, einige Jahre älter als
Bitzius, wurde bald sein vertrauter Ratgeber, gleichsam sein
Studiendirektor, und als der ältere Freund Bern verließ und
später nach Göttingen abreiste, gab ihm Bitzius in Briefen, in
welchen er ihm seine ganze Seele offenbarte und ihm alle Zweifel
und Gedanken über seine Studien, seinen Beruf oder allgemeine
Gegenstände, die ihn gerade interessierten, mitteilte, Rat und
Aufschluß wünschend, über sein inneres Leben getreulichen Bericht.
Das Verhältnis zwischen beiden Freunden ist ein sehr schönes,
wir möchten sagen, ideales. Bitzius beichtet dem Freunde alles,
was er in wissenschaftlicher Beziehung treibt, bald in ernstem,
bald in humoristischem Ton. So berichtet er einmal (1814) als
Student über die Fächer, mit denen er sich beschäftige. Welche

Wissenschaft er als die erste setzen solle oder wolle, wisse er nicht,
aber er wisse sehr wohl, welche zuletzt komme in seinen Augen.
„Es ist wieder das arme Griechische," klagt er; „was es verschuldet
hat, weiß ich nicht. Ich kann ihm gar keinen Geschmack abgewinnen.
Vielleicht ist Hr. R. (Bitzius' Lehrer) selbst etwas daran schuld,
der, ohne sich darum zu bekümmern, ob man es versteht, ohne
auf die Eigenheiten und Schönheiten der Sprache aufmerksam
zu machen, drauflos übersetzt, um das vorgenommene Pensum
zu vollenden. Auf diese Weise machen seine Stunden dem Schüler
Langeweile; dieser glaubt und muß glauben, es sei die
Sprache, die sie hervorbringe, und bemüht sich denn
auch bei Hause nicht, seine Kenntnisse zu erweitern, daß er
der Kollegien entbehren könnte. Mir wenigstens geht es so." —
Bitzius fühlt hier ziemlich richtig den Hauptfehler einer Methode
heraus, welche nur zu oft aufstrebenden Knaben und Jünglingen
die Freude an den Schriftstellern der Alten verkümmert, die
willige Begeisterung ertötet und ihnen Lust und Möglichkeit ab-
schneidet, die alten Klassiker, was sie doch sein sollten, zu Begleitern
durchs Leben zu wählen. Doch scheint er sich nachher mit dem
Griechischen etwas besser befreundet zu haben, da er (1817) an
Studer schreibt, sein Fleiß in diesem Fach habe ihm, nebst der
Physik, bei der Promotion in die eigentliche Theologie zum
Rang des Tertius verholfen. (Der Erste war der spätere treffliche
Philologe Rauchenstein, nun in Aarau.) Schon vorher hatte
er einmal gemeldet, er habe den letzten Winter viel Griechisch
studiert und Döberlein (der bekannte Philologe, der auch in
Bern als Lehrer trefflich wirkte) habe ihm selbst seine große
Zufriedenheit bezeugt.

Die liebsten Fächer waren ihm Mathematik und Physik, die
er bei Professor Trechsel hörte. Gleich nach jenem ersten Stoß-
seufzer über das Griechische sagt er, er habe heute den Pytha-
goräischen Lehrsatz bewiesen und ein gutes Lob bekommen. Doch
graue ihm vor der Repetition der bereits erklärten dreiunddreißig

Lehrsätze. Später forderte ihn einmal Herr Trechsel auf, sich an die mathematische Preisaufgabe zu machen, welcher Mahnung er jedoch nicht nachkam.

Auch mit der Philosophie wolle es nicht recht vorwärts, schreibt er im gleichen Brief. Hingegen fange er an, sich um Geschichte zu bekümmern und lese unter andern Macchiavells Florentinische Geschichte (in der deutschen Übersetzung). Was die Philosophie anbetrifft, so war die Art und Weise, in welcher zu Bitius' Studienzeit diese Disziplin in Bern gelehrt wurde, mehr geeignet, die Studierenden zur Lektüre von Popularphilosophen als zum strengen Studium eines Systems hinzuleiten. Man las Schrift=
steller, die durch schöne Form den Geschmack zu bilden und die Jugend für philosophische Bildung zu begeistern suchten, und wagte sich nicht in die Tiefe. Fries, Engel und andere waren der Jugend damals bekannter als Kant, Fichte, Reinhold, Schelling. So schreibt Bitius an Studer (1817): „Julius und Evagoras‘‘ (von Fries) wirken lebhaft auf mich. Es ist unter allen Büchern, welche ich kenne, dasjenige, welches, obwohl nicht makellos, am fähigsten ist, den Nebel der Vorurteile zu zerstreuen, den Eigennutz zu bekämpfen und für Ideen zu begeistern. ‚Glauben, Wissen und Ahndung‘, auch von Fries, das ich darauf wollte folgen lassen, verstand ich nicht und mußte es wieder beiseitelegen. Gegenwärtig lese ich Schleier=
macher über die Religion, zwar mit Anstrengung, die aber der Genuß reichlich vergütet. Auch mit der Literatur fange ich an, mich als Bibliothekar der Studentenbibliothek bekannt zu machen, da sie mir bisher ziemlich gleichgültig geblieben. Die Literatur=
zeitungen machen mir die Gelehrsamkeit vieler Leute begreiflich, die über alles Bescheid wissen, ohne etwas recht zu verstehen.“

Bitius war nun in jene wichtige und folgenreiche Lebens=
periode getreten, in welcher der vorwärts strebende Jüngling über sich selbst und die Welt nachzudenken anfängt, sein Wissens=

trieb rege wird, der Zweifel über so vieles in seine Seele ein=
zieht, und in welcher die Vernunft, von bedeutender Lektüre,
systematischeren Studien, Gesprächen mit Freunden und älteren
Männern angeregt, die Schwingen zum ersten Fluge versucht.
Ein Schriftsteller, der damals vor anderen auf den jungen Theo=
logen wirkte, war Herder, dessen „Ideen zur Geschichte der
Menschheit" ein Lieblingsbuch von Bitzius war, wie überhaupt
seine geschichtsphilosophischen Schriften, welche er gleichzeitig
mit Müllers Schweizergeschichte besonders fleißig studierte.
Auf seine theologischen Ansichten, seine Anschauungsweise über
Geschichte und ihren Zusammenhang, worüber er das Interesse
am einzelnen, namentlich an den handelnden Individualitäten,
nie verlor, haben ohne Zweifel die Herderschen Schriften großen
Einfluß gehabt. Wie gewaltig es in dem jugendlichen Kopfe
gärte und sprudelte, sieht man aus der Korrespondenz mit
E. Stuber, in welcher er die wichtigsten Materien auf seine Weise
behandelt. Da spricht er über die Religionen und ihre Geschichte,
über den Einfluß der verschiednen Volkscharaktere, Klimate,
Sitten auf dieselben, über die Entstehung des Christentums und
dessen schnelle Verbreitung, sodann über die Reformation und
die sie vorbereitenden Ursachen sowie über die Gründe, welche
ihrem weiteren Fortschritt entgegenstanden. Neues und Über=
raschendes findet sich natürlich in diesen Exkursen nicht, wie denn
in solchem Alter die Reminiszenzen aus Schriftstellern, die man
gerade studiert, unwillkürlich die Hauptrolle spielen und tiefer
Begründetes hier noch nicht erwartet werden darf. Allein, das
ist von Interesse dabei, daß Bitzius von allen diesen bedeutungs=
vollen Fragen, die aus dem Studium der Geschichte und der
Philosophie der Geschichte hervorgehen, mächtig bewegt wurde,
daß seine erwachte Vernunft sich über alles das Rechenschaft
geben wollte und nach dem Zusammenhang der Dinge in den
wichtigsten Phasen der Weltgeschichte, nach der Einheit und Stetig=
keit forschte, die denkenden Köpfen ein Bedürfnis ist in das

Geschehende zu bringen. Er geht dabei von einem höheren
Rationalismus aus, den er auch später nie verleugnete, von
einem Gesetz der Entwicklung, welche der selbstdenkenden Ver=
nunft des Menschen den größten Spielraum gestattet. Allein er
hatte zugleich schon damals den Instinkt, daß die Religion das
stärkste aller Bande sei, um die menschlichen Verhältnisse zu=
sammenzuhalten und zu einer höheren Kultur zu führen, und
daß es leichter sei, die religiösen Begriffe eines Volkes zu erschüttern
und zu untergraben, als sie durch richtigere und fruchtbringendere
zu ersetzen. Er fühlt es, wie schmal die Grenze zwischen dem Gebiet
freier Forschung und demjenigen der Achtung vor feststehenden
ehrwürdigen Glaubensformen ist, und er möchte diese Grenze
nicht verwischen, er möchte jedem von beiden sein Recht wider=
fahren lassen. Besonders aber graut ihm vor despotischem, zwin=
gendem Proselytismus in der einen oder anderen Richtung. Die
Überzeugung soll von innen aus durch gewissenhafte Prüfung
reifen. Zwang kann nur verderblich wirken. Bitzius dankt daher
förmlich seinem älteren Freund, daß dieser mit ihm anders ver=
fahren, daß er ihn nicht in blindem Eifer zum Proselyten habe
machen wollen, sondern ihn dem eigenen Nachdenken überlassen
und ihn dadurch vor den bei lebhaften Köpfen fast unausbleib=
lichen Rückschlägen aufgedrungener Ansichten bewahrt habe.
Zuweilen ist Bitzius, wie denn bei strebsamen Jünglingen Ebbe
und Flut abwechseln, in etwas hypochondrischer Stimmung
und klagt, daß es doch nicht recht vorwärts wolle. So schreibt
er unter anderem dem Freund: „So wie ich war, bin ich noch
immer, um nichts vollkommner, nur sehr wenig meiner unab=
sehbaren Bahn entlang dem fernen Ziel entgegengerückt. Mit
jedem Tage fühle ich mehr, daß mir die Gaben und die Kraft
fehlen, mich über die Mittelmäßigkeit zu erheben und den Besten
gleich zu werden. Nur mit der größten Anstrengung kann ich mich
zur Gründlichkeit gewöhnen, ohne welche alle Studien vergeblich
sind, man mag noch so viel lesen, interpretieren und ausziehen.

Es ist ein Fehler, durch die Art meiner Erziehung erzeugt, der sich nicht mehr wieder gut machen läßt. Es war schon zu spät, als Du mich zu erziehen anfingest und in mir Kräfte aufwecktest und Grundsätze pflanztest, die ich ohne Dich nie hätte kennen lernen."

Wir sehen hier den Jüngling jene, begabteren Naturen selten ersparte Krise durchmachen, die vom Instinkt zum Denken, vom bloß Angewöhnten und Überlieferten zum vernünftig Be= gründeten hinüberführt und die, gewaltsam beschleunigt oder gewaltsam zurückgedrängt, die schlimmsten Folgen hat, und die schlimmeren noch im letzteren Falle. Oder läßt sich nicht mit Recht behaupten, daß namentlich die kurzsichtige und ängstliche Unterdrückung jenes geistigen Gärungsprozesses, das Nieder= schlagen desselben durch Autorität und äußeren Zwang so oft die verstümmelte Bildung erzeugen, von welcher die falsch be= handelte, in der wichtigsten Entwicklungszeit niedergehaltene und in sich zurückgescheuchte Seele nicht mehr gesunden kann, und daß dadurch eine Verkrüppelung des Charakters entstehe, die in so manchen traurigen Beispielen vor unseren Augen liegt, und zwar in einer Zeit, wo das Gegenteil so not täte, und wo Bildung des Charakters und Wahrheit desselben das wichtigste Augenmerk uneigennütziger Erzieher sein sollten?

Der Freund, den sich Bitzius in glücklicher Wahl damals zum Mentor erkoren hatte, behandelte ihn in diesem Zeitpunkt geistiger Entwicklung auf sehr einsichtige Weise. Er gab bloß Anhalt= punkte, leitete etwa seine Lektüre und überließ ihn im weiteren seiner eigenen Kraft, überzeugt, daß eine gesunde Natur sich selbst am besten helfe, und daß bei solchen Naturen dergleichen Krisen nicht nur unschädlich seien, sondern den notwendigen Durchgangs= punkt zu der rechten geistigen Gesundheit bilden. Wo er fehl= gehen möge, konnte er denken, da werde die zweite, die längere und strengere Schule des Lebens das Ihrige tun. Es war in der Tat ein Glück für eine so empfängliche und zugleich so anschmiegende und vertrauensvolle Natur, wie Bitzius war, daß ihm von seiten

seines Freundes diese Einsicht und Milde, diese Schonung seiner
Freiheit zuteil wurde. Eine entgegengesetzte Behandlung, wie
sie in unseren Tagen nur zu häufig ist, hätte den schüchternen,
sich noch mißtrauenden Jüngling zwar für den Augenblick in eine
beliebige Form von Glauben und Weltanschauung überhaupt
pressen können, aber die heftigsten Rückschläge wären kaum aus=
geblieben, der innere Friede, der nur aus einer völlig zwanglosen,
auf stetige und natürliche Weise gewachsenen und gereiften Über=
zeugung quillt, wäre später gestört und am künftigen Bildungs=
gang des jungen Mannes eine große, vielleicht nicht wieder gut
zu machende Sünde begangen worden.

Das akademische Leben in Bern war in den Studienjahren
von Bitzius ein sehr mannigfach angeregtes. Viele talentvolle
Köpfe, unter ihnen manche von Bitzius nächsten Freunden,
fanden sich da zusammen. Eine literarische Gesellschaft war ins
Leben gerufen worden, die in Sektionen, in eine mathematische,
deutsche, historische, philosophische, deklamatorische Klasse usw.
eingeteilt war, und an welcher sich auch, wie natürlich, unser
Freund beteiligte. In der deklamatorischen Sektion wurden auch
Schauspiele aufgeführt, unter anderen „Wallensteins Lager“ und
„Wilhelm Tell“, welche Stücke mit großem Applaus vor einem
vollen Hause im Stadttheater gegeben wurden. Bitzius spielte im
„Wilhelm Tell“ den Melchthal. Auch Körners „Zriny“ (Körner
war wie Schiller ein Hauptliebling der studierenden Jugend
Berns) wurde aufgeführt. Bitzius hatte auch in diesem Stück
eine Rolle, und es mag ihn ziemlich in Anspruch genommen haben.
Denn er schreibt an Studer: „Das leidige Schauspiel, das mir
obendrein nichts als Verdruß und Ärger gemacht, hat mich am
Arbeiten viel gehindert. Eine philosophische Preisfrage, die ich
auf Ansuchen des Herrn Professor Wyß zu lösen unternommen,
mußte wegen desselben unvollendet gelassen werden, wenn ich
nicht in allem anderen zurückbleiben wollte, so gern ich sie auch
gemacht und so sehr es den Herrn Professor ärgerte.“

Es war zudem die Zeit der, wenigstens in Bern sehr harmlosen,
Bünde unter den Studierenden. Auch Bitzius spricht von einem
solchen, in den er eingeweiht sei, und der seine meisten näheren
Freunde einschloß. Vaterländische Dinge und die engere Kantonal=
politik wurden da besprochen, und Bitzius erwähnt einmal einer
politischen Petition, die dort vorgelesen und dann einem Rats=
mitglied überreicht worden sei.

Diese Vereine und Gesellschaften hatten für den jungen Bitzius
den Vorteil, seinem Beobachtungsgeist Stoff und Nahrung zu
geben und ihm bereits ein Bild genossenschaftlichen und gemein=
heitlichen Lebens vorzuführen, welches im Großen und im Kleinen
dasselbe ist. Bitzius berichtet seinem Freund Stuber getreulich
nach Göttingen über das Treiben, die Zustände und kleinen
Wechselfälle besonders der literarischen Gesellschaft. Es gab da,
wie überall, Reibungen, Zwistigkeiten, Versöhnungen, Austritte,
Zeiten der Blüte und des Verfalls durch den Wechsel der Vor=
steher und dergleichen. Bitzius wurde einmal zum Vorsteher der
vereinigten literarischen Gesellschaft gewählt. Seine Neigung
zum Praktischen und seine kameradschaftliche Geselligkeit machten
ihn zum nützlichen und gern gesehenen Glied dieser akademischen
Vereinigungen.

Auch an Damengesellschaft fehlte es dem jungen Theologen
nicht. Schon seine verwandtschaftlichen Verhältnisse in Bern
führten ihn in manches Haus ein, und daneben besuchte er auch
andere Damenkreise, in welchen er sich ganz behaglich fühlte,
obwohl er nicht tanzte, da ihm hierzu Anlage und Neigung,
wie zu Musik und Gesang, fehlten.

Bitzius betrachtete das gesellige Leben auch als wertvolles
Bildungsmittel, das mit den Studien Hand in Hand zu gehen
habe. Er schreibt an Stuber, daß er zwar manche Stunde, in
welcher sich vortrefflich arbeiten ließe, aufs gesellige Leben ver=
wende, dafür aber die freie Zeit desto besser benutze. „Allein auch
die in Gesellschaft verlebten Stunden" — fährt er dann, dem

Freund seinen künftigen Lebensplan entwickelnd, fort — „achte
ich keineswegs für verloren, seit ich mich gewöhnt, den Menschen
in zwei Teile zu teilen, in einen gelehrten und einen ge=
bildeten (die Einteilung ist allerdings nichts weniger als
erschöpfend, der Sinn jedoch deutlich), und jenem nicht so
das Übergewicht einzuräumen, wie sonst geschehen,
sondern sie einander zu koordinieren. Denn," fügt
er in richtigem Vorgefühl seines späteren wahren Lebens=
berufes hinzu, „ich fühle, daß ich nun einmal zu einem Ge=
lehrten durchaus untüchtig bin, teils durch meine Erziehung, teils
durch meine Gaben. Zugleich aber besitze ich zu viel Ehrgeiz, um
als ein gemeiner Mann zu leben und zuletzt in einem Winkel
ungekannt zu sterben. Es bleibt mir daher nichts übrig, als so viel
Kenntnisse wie möglich zu erwerben, mich nach Vermögen gesell=
schaftlich zu bilden, damit ich dereinst, nicht in der gelehrten Welt,
wohl aber in der menschlichen Gesellschaft als ein
tüchtiges Glied eingreifen, schaffen und wirken
könne. Dies ist diesem nach mein Studien und Lebensplan,
über den Du vielleicht lachen oder mich bemitleiden wirst.
Welches von beiden nun geschehen mag, so bitte ich Dich, mir
mit Deiner gewohnten Freimütigkeit es kundzutun und, wenn
es nach Deinen Ansichten meinen Fähigkeiten nicht angemessen
wäre, mich eines Besseren zu belehren.

Ich will das Predigerfach wählen, wozu ich freilich nicht die
besten Organe besitze, welche sich aber, wie Demosthenes lehrt,
ausbilden lassen. Den nächsten Sommer, den ich in Utzenstorf
zubringe, und vielleicht auch noch den Winter dazu, will ich den
philologischen Wissenschaften, besonders dem Griechischen, widmen,
nebenbei einigemal predigen. Erst in der Philologie vorgerückt,
will ich mich auf Theologie, Philosophie und Geschichte werfen
und jene hierbei als Hilfswissenschaft anwenden, nebenbei aber
die Gesellschaft keineswegs vernachlässigen, nicht um Ton und
Stil zu lernen (dieses wirst Du als Nebensache erkennen), sondern

24

um die Menschen zu studieren, welche man durch
und durch begreifen und durchschauen muß, um mit
Glück ihr Bestes zu befördern."

„Kann ich", so schließt dieser Lebensprospektus, „nach vollendeter
Laufbahn auf unserer Akademie eine Universität beziehen, so
werde ich es mit Freuden tun. Ist es aber nicht möglich, so gräme
ich mich nicht deswegen, da ich im Grunde hier auf einem Vikariat
mich zu meinen Zwecken ebenso gut bilden kann. Bildung der
Menschen in der mir anvertrauten Gemeinde wird meine erste
und einzige Pflicht sein. Sollte ich so hoch mich heben können,
daß ich in mir Macht genug fühlte, ein veränderliches Publikum auf
immer an mich fesseln zu können, so werde ich eine Stelle in der
Stadt nicht ausschlagen, besonders wenn die Frömmelei zu=
nehmen sollte, welcher man mit Macht entgegenzuarbeiten hat,
wenn sie nicht alles ergreifen soll, besonders jetzt, da beinahe alle
Geistlichen der Stadt auf ihre Seite sich hängen." (Dies ward
im März 1817 geschrieben.)

In dieser letzten Stelle erkennen wir schon den immer stärker
hervortretenden Zug in Bitzius' Charakter, nicht bloß seine Mei=
nungen und Grundsätze unverblümt und unumwunden aus=
zusprechen, sondern auch für dieselben in den Riß zu stehen und
nötigenfalls dem Kampf entgegenzugehen. Er entwickelte später
als Schriftsteller diese Energie in vollem Maße, und sie trug
nicht wenig zu seinen Erfolgen bei.

Von den drei Jahren des theologischen Lehrkurses haben wir
nichts zu melden, da uns die Korrespondenz mit Stuber verläßt.
Nur scheinen ihm die damaligen theologischen Vorlesungen in
Bern im ganzen wenig gemundet zu haben.

Am Ende des Sommersemesters 1820 wurde Bitzius als
Kandidat des Predigtamtes promoviert und erhielt die Kon=
sekration. Er hatte die Prüfung gut bestanden und wurde sofort
als Vikar bei seinem Vater in Utzenstorf angestellt. Im Früh=
jahr 1821 bezog er nach erhaltenem Urlaub die Universität

Göttingen, damals unter den deutschen Hochschulen die von
Schweizern besuchteste und besonders in Bern in traditionellem
Ansehen stehend, welches sich von Vater auf Sohn vererbte.
Übrigens zählten die Fakultäten dort in jenem Zeitpunkt treffliche
Lehrer. Juristen und Mediziner strömten besonders dahin. Auch
die Theologen wurden durch Männer wie Plank angezogen.
Es lehrten damals dort Bouterweck, Dißen, Ottfried
Müller. Auch der alte Heeren hatte als Dozent großen
Ruf, und kein Berner kam in jener Zeit aus Göttingen zurück,
ohne die eine oder andere seiner Geschichtsvorlesungen angehört
zu haben. Der Naturforscher Blumenbach und ein paar große
medizinische Namen lockten die Studierenden dieser Fakultät
herbei. Kurz, Göttingen war damals in Bern die fashionable
Universität und die Göttinger in allen Fakultäten die weitaus
zahlreichsten. Dieselben bildeten gewissermaßen eine Genossen=
schaft, die durch ihren oft stark ausgeprägten Gegensatz deutscher
Bildung gegen französisches Wesen und französische Lebens=
anschauung im späteren Leben vielfach wirksam wurde. Schon
Viktor von Bonstetten hatte in der Zeit seiner Jugend, lange
vor der französischen Revolution, diesen stark markierten Kontrast
deutschen und französischen Sinnes in seiner Vaterstadt wahr=
genommen und als bedeutsam bezeichnet.

Wir bemerken hier zu unserer Rechtfertigung, daß wir der
Berner Studienzeit von Bitzius diesen etwas größeren Raum in
unserer Darstellung teils deswegen gestattet haben, weil für
diesen Zeitabschnitt der erwähnte Briefwechsel mit Studer eine
Quelle war, die auf die innere Entwicklung des Jünglings ein
helleres Licht wirft, teils, weil diese Studienjahre Momente
enthalten, die ganz entscheidend auf sein Leben und seine spätere
Denkweise wirkten.

Zu diesen Momenten rechnen wir schon die allgemeine Physio=
gnomie jener Zeit. Es war eine Zeit äußerer Ruhe, welche den
jungen Gemütern vollen Spielraum zur Richtung der Auf=

26

merksamkeit auf sich selbst und auf geistige Dinge gestattete.
Gewaltige Völkerbewegungen, Kriege, Revolutionen schienen auf
lange Zeit aufgehört zu haben und eine, wie man sich jetzt aus=
drücken würde, ganz konservative Epoche zu beginnen. Die
jugendlichen Geister waren damals bei uns, wie anderswo, noch
voll der großartigen Eindrücke der Befreiungskriege und des
Sturzes der kolossalen Napoleonischen Weltherrschaft. Zugleich
aber blickten sie vertrauend in die Zukunft, von welcher sie eine
vernünftige Versöhnung des Alten mit dem Neuen, des historisch
Begründeten mit den berechtigten Ideen der Neuzeit hofften.
Man freute sich des Friedens. Die Gegenwart erschien nicht
zerrissen und zerklüftet. Die studierende Jugend wurde durch
keinen Bewegungsstrudel um sich her gewaltsam nach außen
gerissen und dem Sammeln von Kenntnissen, den Studien von
allgemeiner oder besonderer Richtung entzogen. Wer im Mannes=
alter Revolutionen und große öffentliche Krisen erlebt, kann
denselben als bereits vollendeter und bestimmter Charakter ent=
gegentreten; sie vermögen seinen inneren Kern, wenn dieser
anders gesund ist, nicht zu zersetzen. Die Jugend hingegen,
welche früh durch die Zeit, in die sie fällt, in die Bewegung
hineingestoßen wird, und eine Periode ruhigen Sammelns und
geistigen Erwerbens nie kennenlernt, wird zwar früh klug und
geschult, früh des Lebens kundig, aber auch früh ungläubig und
zu früh auf das Positive der Dinge, auf die ernüchternde und
erkältende Betrachtung der wirklichen Welt und ihrer unabweis=
lichen Kollisionen gerichtet. Der heitere, innere Grund, auf
welchem das spätere Leben ruhen sollte, das Ideale, die Be=
geisterung, die es stärken und halten müssen, werden verdunkelt
oder ganz zerstört. Wenn daher Plato es für ein vorzügliches
Glück der Jugend, für die Bedingung eines künftigen tüchtigen
Mannesalters hält, spät zur Erkenntnis des Schlimmen, zur Ein=
sicht des Ungerechten in der Welt zu kommen, so genossen Bißius
und seine Mitstudierenden vor anderen Generationen dieses

Vorzuges, daß sie sich in aller Ruhe und Freiheit entwickeln
konnten, und daß für sie wenigstens jene Zeit eine hoff=
nungsreiche und gläubige war.

Zu diesem allgemeinen Faktor kamen noch besondere. Bitzius
war als Bürger einer alten Republik aufgewachsen und ver=
brachte seine Studienjahre in einer durch und durch protestantischen
Stadt, unter einem ganz protestantischen Unterrichtssystem.
Wenn auch die damalige Verfassung Berns eine aristokratische
war, so trat man doch von oben herab den geistigen, namentlich
den literarischen Einflüssen der Zeit nirgends hemmend entgegen.
Deutsche Bildung war in Bern vorherrschend und drang gleich=
sam zu allen Poren ein. Die großen deutschen Klassiker waren in
den Händen aller Studenten, die sich für Literatur interessierten.
Schiller, schon seines „Wilhelm Tells" wegen in der Schweiz
hochgefeiert, war bei uns, wie in Deutschland, der Liebling aller
Jugend. Goethe, Wieland, Herder, Lessing, Voß wurden stark
gelesen und studiert. Man ließ die akademische Jugend gewähren.
Weder Staat noch Kirche tyrannisierten sie. Wo Beschränkung
eintrat, galt sie mehr dem Äußerlichen, Disziplinarischen. Das
innere Leben genoß größtmöglicher Freiheit. Die Jugend war
daher weder revolutionär noch servil und kriechend. Sie war
liberal im guten Sinne des Wortes. Es lag in der Zeitrichtung,
wenigstens bei uns, etwas Vertrauendes, dem Zwiespalt Ab=
geneigtes. Wir sehen daher bei Bitzius und seinen Altersgenossen
und Mitstrebenden aus jener Epoche den doppelten Charakter
einerseits des Positiven, Affirmierenden, des Glaubens in
weiterem Sinne gegenüber der Negation und der mißtrauischen,
oft aus Blasiertheit entspringenden Skepsis späterer Perioden
und andererseits den Charakter einer im ganzen rationellen,
freien Entwicklung der Persönlichkeit ohne maschinenmäßige
Dressur und sektenartigen Zwang. Dieser Doppelcharakter tritt
uns später in Bitzius' Schriften sozusagen auf jeder Seite ent=
gegen.

28

Als Bitzius im Frühling 1821 nach Göttingen reiste, zählte
die Universität bei zwölfhundert Studierenden und entfaltete
nach allen Richtungen ein reges Leben. Es studierten damals
etwa vierzig Schweizer dort, welche, ohne eine landsmann=
schaftliche Verbindung im deutschen Sinn zu bilden, sich wöchent=
lich vereinigten und auch sonst in vielfachem Verkehr zusammen=
standen. Bitzius nahmen allen kameradschaftlichen Vergnügungen
teil; doch waren ihm die kleinen intimen Kreise lieber als die
großen geräuschvollen. Die großen Kommerse sagten ihm nicht
zu. Er hielt auch nicht wie einige seiner Kameraden zur Burschen=
schaft, sondern lebte so ziemlich eingezogen seinen Studien. Er
besuchte weder die Reitschule noch den Fechtboden, kam auch nie
zu Paukereien, machte aber zuweilen einen kameradschaftlichen
Ritt mit Freunden. Er war, nach dem Zeugnis seiner Studien=
genossen, ziemlich fleißig und eifrig in seinen Studien. In der
Theologie hörte er bei Plank, dem berühmten Kirchenhistoriker,
Kirchengeschichte, und dieses Fach war sein liebstes, welchem er
die meiste Zeit widmete. Bei Heeren hörte er Geschichte und
Ästhetik bei Bouterweck, und auch dieses Kolleg schien ihn sehr
zu interessieren. Er las daneben ziemlich viel, und zu seinen Er=
holungen gehörte auch ein Leseverein mit einigen Freunden, in
welchem namentlich Walter Scott beliebt war. Wir haben von
Universitätsfreunden von Bitzius die Behauptung gehört, daß
die Vorzüge dieses Schriftstellers, die Feinheit der Charakteristik,
die psychologische Wahrheit, nicht ohne Einfluß auf Bitzius' Geist
gewesen und auch in seinen Schriften noch nachgewirkt hätten,
was leicht möglich ist.

Bitzius war bei seinen Kameraden und vertrauteren Freunden
sehr beliebt. Er galt bei allen für einen zuverlässigen, ehrenfesten
Charakter, und sein Betragen gegen alle war stets das, was der
Engländer mit dem Wort „gentlemanlike“ bezeichnet. Er war
offen, von heiterer Laune, und wenn auch zuweilen seine Sar=
kasmen und seine Satire verletzten, so machte er das Übel gleich

selbst wieder gut, und die Gutmütigkeit, welche den Grundton
seines Wesens bildete, hatte den Verletzten schnell wieder ver=
söhnt. „Er war“, sagte uns einer seiner vertrauten Universitäts=
freunde, „eine noble Natur. Er hielt stets auf Anstand und Sitte.
Roheit und Gemeinheit im Betragen wie im gesellschaftlichen
Verkehr waren ihm aufs äußerste zuwider.“

Im Frühjahr 1822 verließ Bitzius Göttingen, machte mit
zwei Freunden, dem späteren eidgenössischen Kanzler Amrhyn
und Rytz, später Pfarrer in Utzenstorf und bis zu Bitzius’ Tod
einer seiner Vertrautesten, eine größere Reise durch Deutsch=
land, welche durch Preußen und Sachsen ging, und über deren
Episoden und kleine Abenteuer er sich auch in späteren Jahren,
wenn er mit seinem Reisegefährten Rytz zusammenkam, mit
vielem Behagen unterhielt.

Nach seiner Heimkehr trat Bitzius wieder in das Vikariat bei
seinem Vater in Utzenstorf ein und blieb hier bis zum Tode des
letzteren, welcher im Jahre 1824 erfolgte. Dieses Vikariat war
seine erste praktische Schule und gab ihm vielfache Gelegenheit,
seinen ganz aufs Tun und Wirken gerichteten Sinn zu betätigen.
Wo er helfen konnte, stund er ein, handelte mehr, als er räsonierte,
trat dem Unrecht entgegen, wo er es zu finden glaubte, und griff
ohne Absichtlichkeit und eigennützige Berechnung da ein, wo er
nützen und bessern konnte. So gelang es unter anderem einmal
seinen Bemühungen, einen Parteieid in einem giftigen Streit=
handel zwischen Vater und Sohn zu verhindern und einen Ver=
gleich zustande zu bringen. Der alte Bauer sagte nachher seinem
Vater, dem Pfarrer, er hätte nicht geglaubt, daß der Herr Vikar
schon so viele Lebenserfahrung hätte und sich der Dinge schon
so warm annähme. Ganz besonders lag ihm das Schulwesen am
Herzen. Er besuchte nicht nur sehr fleißig die Schulen, sondern er
half oft selbst dem Schulmeister, wenn dieser der großen Last
nicht gewachsen schien oder eine Teilung der Arbeit die Sache
fördern konnte, ganze Tage schulmeistern und Schule halten.

In dieser frühen, selbsttätig pädagogischen Wirksamkeit haben
wir wohl den Schlüssel zu jener intimen Detailkenntnis des
Primarschulwesens zu suchen, die wir in den „Leiden und Freuden
eines Schulmeisters“ so vielfach entwickelt finden. Wir begreifen
nun, wie dort der wackere Pfarrer seinem Käser so treffliche, ins
kleinste praktische Detail eingehende Räte über Zeiteinteilung,
Methode, Stoff, Folge und Plan in betreff seines Unterrichtes
erteilen konnte, als ob das Schulehalten sein, des Ratenden,
eigener langjähriger Beruf gewesen wäre. Wir erklären uns
vollständig die in jenem Buch zutage tretende Sicherheit des
Blickes und des Urteils, die nur aus eigenster Anschauung und
Erfahrung entspringen kann. Seine überaus scharfen Sinne,
verbunden mit dem natürlichen, stets lebendigen Beobachtungs=
geist, mochten dem jungen Vikar in der Schulstube bald einen
großen Reichtum von Erfahrungen zuführen, und als nun später
die Zeit durchgreifender Reformen im Volksschulwesen gekommen
war, mochte er im Bewußtsein dieser Erfahrungen und bei seiner
großen Liebe zur Sache hinreichende Berechtigung fühlen, seine
Stimme als Sachverständiger laut und unumwunden zu erheben.
Die Gemeinde Utzenstorf, mit welcher er als Vikar überhaupt im
allerbesten Vernehmen stand, war auch so sehr dankbar für seine
Bemühungen im Schulwesen, daß sie ihn, als er beim Tod seines
Vaters von Utzenstorf schied, mit einer goldenen Repetieruhr
beschenkte, eine gewiß seltene Auszeichnung, welche die Geber
und den Beschenkten gleich ehrt.

Das Kirchdorf Herzogenbuchsee, wohin Bitzius im Jahr 1824
als Vikar versetzt wurde, ist ein großes, fast städtisches, industrielles
und reiches Dorf an der großen Aargauer Straße, in dem Landes=
teile Berns, welcher von seiner Angrenzung ans Aargau, mit
dessen Landesphysiognomie er vielfache Ähnlichkeit hat, den Namen
Oberaargau führt. Hier, in einer schönen Gegend, ähnlich der=
jenigen von Utzenstorf an Fruchtbarkeit und natürlichem Reichtum,
brachte Bitzius, der nun siebenundzwanzig Jahre zählte, fünf

Jahre zu, eine Zeit, die vollkommen genügte, um ihn dort ganz heimisch zu machen. Wir finden später in seinen Schriften die mannigfachsten Erinnerungen an diese Jahre, an die Landschaft und die Sitten ihrer Bewohner wieder. Bitzius war „in den Dörfern“, wie der Emmentaler so oft bei ihm das oberaargauische Land nennt, so gut zu Hause, wie er es nachher in seinem Emmental war. In der kleinen Erzählung „Der Besuch“ hat er uns einzelne Züge des Kontrastes zwischen beiden Landschaften und ihren Sitten aufbewahrt; „Die Käserei in der Vehfreude“ spielt offenbar im Oberaargau, und im „Silvestertraume“ werden wir an jenem Sylvesterabend, der dort so schön und so feierlich beschrieben wird, ganz in das weit ausgedehnte und herrliche Aartal versetzt, welches links begrenzt wird „von jenem heimeligen blauen Berg, halb Berner, halb Solothurner, hinter dem die dünnblütigen Franzosen wohnen, den uns Gottes eigene Hand aufgemauert hat, als Scheidewand zwischen ihrem Sinn und unserem Sinn, zwischen ihrem Lande und unserem Lande.“

Diese Zeit in Herzogenbuchsee, an welche sich Bitzius stets so gern erinnerte, wurde ein wichtiger und bedeutsamer Abschnitt in seinem Leben besonders dadurch, daß er hier noch mehr als in seiner früheren Station sich in das Leben des Volkes, in dessen Sitten, Gebräuche, Anschauungsweise einlebte und sich keine Zeit und Mühe verdrießen ließ, es von allen Seiten kennenzulernen und die Menschen, in deren Mitte er lebte, zu studieren. Er hatte von der Natur jenen Sinn erhalten, der sich gerne um die Angelegenheiten der Menschen bekümmert und die kleinen Interessen, Sorgen, Hoffnungen des einzelnen, auch des Ärmsten und Geringsten kennenzulernen nicht unter seiner Würde hält und dabei weder aus eitler Neugierde noch aus der gefährlicheren Absicht handelt, aus dem Besitz fremder Geheimnisse Vorteil zu ziehen und die Leute durch ihr Bewußtsein von dieser Kenntnis ihrer Mysterien von sich abhängig zu machen. Bitzius kam ihnen vielmehr, wo er sie traf, mit der offenen und unbefangenen Seele

des Dichters entgegen, der das menschliche Herz, das unter jedem
Kleide, unter jedem Dache mit gleichen Schlägen pulsiert, in
seinen Falten und verborgenen feineren Regungen zu belauschen
sucht, auch wo er nicht unmittelbar als Rater oder als hilfreicher
und bereitwilliger Freund erschien. Er besaß die Eigenschaften,
welche ihm die Herzen des Volkes aufschlossen und den Docht
vertraulichen Gespräches nie ausglimmen ließen, das freie un=
eigennützige Wohlwollen für jeden einzelnen und die aus diesem
Wohlwollen hervorgehende Geduld, jeden anzuhören und eines
jeden Angelegenheit, wie geringfügig sie auch für einen Fremden
war, momentan zu der seinigen zu machen. Er hatte Zeit für alle,
und seine behagliche Umgangsweise mahnte weder zur Eile und
Kürze noch zum vorschnellen Abbrechen einer angesponnenen
Unterhaltung. Als ihm späterhin einst ein Amtsbruder über lang=
weilige und ermüdende Audienzen und so viele unabweisbare,
unnütze Gespräche klagte, antwortete er ihm, gerade das seien
seine glücklichsten Stunden, man müsse nur so ein Mütterchen
nicht stören und es recht sich ausreden lassen, dann schließe es sein
ganzes Herz auf und lasse in sein Innerstes blicken.

Diesen Trieb seines Herzens, der, ihm unbewußt, zugleich
seine dichterische Anlage und das Streben seines Geistes nach
Wahrheit und Erkenntnis beurkundete, ließ Bitzius in Herzogen=
buchsee, schon selbständiger und zuversichtlicher geworden, frei
walten. — Seine dortige Lebensweise schildert uns ein Landmann,
der schon damals mit ihm genau befreundet wurde und stets
mit ihm im vertraulichsten Verkehr geblieben ist, mit folgenden
schlichten und treffenden Worten: „Er machte", sagt er, „überhaupt
viel Hausbesuche und mußte sich dabei so zu benehmen, daß er
gleich das Vertrauen der Leute erwarb. Er hatte immer viel zu
fragen und bekam oft die naivsten Antworten, die ihn tief in
das Innerste der Menschen blicken ließen. Wenn er zwei oder
drei Male in einem Hause war, so hatte er die ganze Hausordnung
los bis ins Kuchigenterli und die sämtlichen Familienverhältnisse

bis in den hintersten Winkel. Auf diese Art erwarb er sich die gründliche Kenntnis des Volkslebens, wie sie vor ihm kein Volks=schriftsteller hatte. Er war überhaupt unermüdlich tätig, bei den Schulen, bei den Gemeindsverhältnissen und dem Armenwesen, sogar bei den Gesangvereinen, obschon er selbst kein Sänger war. Kurz, er mischte sich in alle Angelegenheiten; er konnte mit einem Mädchen scherzen oder mit einer Hausfrau über ihren Kabisplätz sprechen und handkehrum mit einem älteren Mann ein sehr ernstes Gespräch führen. Er suchte jedem das zu sein, was er glaubte das ihm am besten entspreche. Er sagte mir selbst, daß er oft am Samstagabend nicht gewußt habe, was er am Sonntag predigen wolle. Am Sonntagmorgen stund er bei Tagesanbruch auf, nämlich im Sommer, und machte einen Kehr nach Niederönz, Oberönz und Bethenhausen usw. (kleine Ort=schaften in der Nähe von Herzogenbuchsee). Auf diesm Kehr faßte er sich dann die Grundidee zu seiner Predigt. Im Winter machte er solche Reisen am Samstagabend. Ich erinnere mich (so erzählt der nämliche Freund), daß er mich auf einem solchen Kehr be=suchte, und am Sonntag erschienen Bruchstücke aus unserer Unterredung in seiner Predigt. Damit er nicht etwa zu viel sitzen müsse, ging er zur Herbstzeit mit einigen Freunden auf die Jagd. Sein „Silvestertraum“ rührt aus der Erinnerung an jene Jagd=abenteuer her.“

Dieser Freund, durch Bitzius selbst an die größte Freimütigkeit gewöhnt, sagte ihm seine Meinung, auch wo er zu widersprechen und zu tadeln hatte, immer geradeheraus und bemerkte ihm einmal, um seine Meinung über eine Predigt des Vikars gefragt, in welcher dieser, wie es dem Freunde schien, auf allzu satirische Weise den Leichtsinn und die Eitelkeit der jungen Leute gegeißelt hatte, — „daß er auf diese Weise die Leute kaum bessern, sondern nur gegen sich aufbringen werde. Wenn er ihnen auch nachher eine Hutte (Hängekorb) voll Gutes bringe, so werden sie ihm nichts mehr abnehmen.“

So lebte Bitzius als Vikar in Herzogenbuchsee mehr und mehr
dem praktischen Leben und seinen Anforderungen zugewandt,
den hellen Blick stets aufs Nächste, auf die ihn umgebende Welt,
auf die Wirklichkeit der Dinge gerichtet. Seine Beziehungen
waren vielfach; aber das größte Interesse nahm er, dem Lands=
mann nahestehend und dessen Leben selbst mitlebend, an Land
und Leuten selbst. Dort schon lernte er jene großen Bauernhäuser,
jene „freiherrlichen Bauern" kennen, jene Familien von „alt=
adeliger Ehrbarkeit" und wahrhaft patriarchalischer Gastfreiheit,
die er mit so vieler Liebe und Wärme in seinen Schriften schildert,
deren Sinn und Sitten er in so manchem farbenvollen Bild
verewigt hat.

In dortiger Gegend war der Stammsitz jener Familie Friedli,
von Brechershäusern genannt, welcher bis über den Rhein nach
Deutschland hinüber den wandernden Handwerksgesellen bekannt
war, weil keiner von ihnen aus dem gastfreien Hause nach dem
Nachtlager ohne einen Zehrpfennig entlassen wurde. Dort lernte
Bitzius jenen anderen Bauer kennen, von dem er erzählte, er
sei so gewissenhaft gewesen, daß er, wenn er Päckchen von Scheide=
münze zu Zahlungen zurechtlegte, stets ein Halbbatzenstück mehr,
als der Betrag des Päckleins ausmachen sollte, in dasselbe tat,
aus Besorgnis, er möchte durch Mißzählen der Stücke den Gläu=
biger in Schaden versetzen. Solche Züge entgingen Bitzius nie.
Sie waren ihm etwas Typisches, eine ganze Zeit und Denk=
weise Kennzeichnendes. Er verwebte sie dann später in seine
dichterischen Erzählungen und drückte ihnen so ein unvergängliches
Gepräge auf.

Wenn das Privatleben mit seinen vielfachen Seiten und
Richtungen gleichsam das Hauptstudium von Bitzius ausmachte,
so hatte er doch nicht weniger für die öffentlichen Verhältnisse,
die politischen Zustände und Symptome einen richtigen klaren
Blick und einen offenen Sinn, der sich nicht durch den Schein
täuschen ließ und auf eigener Beobachtung und Wahrnehmung

ruhte. Die Epoche, die man die Restaurationszeit nennt, neigte
sich ihrem Ende zu. In Bitzius' Heimatkanton Bern herrschte
zwar, wie fast überall, die tiefste Ruhe. Der Himmel schien ganz
heiter, und gleichwohl glaubte Bitzius nicht an die Dauer der
damaligen aristokratischen Verfassung; er hielt das Bestehende
für prekär, den Boden, auf welchem es stand, für hohl, die Zukunft
für ungewiß. Er sprach diese Ansicht einmal im Jahr 1829 gegen
einen vertrauten Jugendfreund in Bern, welcher Staatsbeamter
war, offen aus und teilte ihm seine Gedanken über die Lage
der Dinge mit, die äußerlich eine vollkommen ruhige war. Er hatte
aus seinem vielfachen und unbefangenen Verkehr mit einfluß=
reichen Landleuten und Bürgern der kleinen Städte entnehmen
können, daß man auf dem Lande zwar nicht mit der Regierung,
den regierenden Personen und ihrer Verwaltungsweise, aber mit
der patrizischen Verfassung unzufrieden sei, und er glaubte, wie
er seinem Freunde sagte, nicht, daß diese Verfassung einer oppo=
sitionellen Bewegung, die durch äußere Konstellationen möchte
herbeigeführt werden, zu widerstehen imstande sein würde. Der
Erfolg hat diese Ansicht bestätigt, die er übrigens dem Freund
ohne alle eigene Leidenschaft, lediglich als wahrgenommene
Tatsache, mitteilte. Er selbst stand der Politik fern und war
persönlich weder über Personen noch über Sachen erbittert. Er
hatte zwar mit dem damaligen etwas selbstherrlichen Oberamt=
mann des Bezirks Wangen, zu welchem Herzogenbuchsee gehörte,
allerlei amtliche Späne. Sein Rechtsgefühl war leicht verletzt,
und dann wurde er rücksichtslos und schonte auch seine Oberen
nicht. Auch lag etwas Oppositionelles überhaupt in seinem
Charakter. Diese amtlichen Reibungen ließen indes keine Bitter=
keit in dem jungen Vikar zurück. Jene spätere Erzählung: „Der
Oberamtmann und der Amtsrichter", in welcher jener Beamte
vorkommt, und die uns treue Reminiszenzen aus der Zeit seines
Aufenthaltes in Herzogenbuchsee zu enthalten scheint, ist durchaus
heiter und humoristisch gehalten und bezeugt wahr und treffend

in ihren Hauptzügen die Gerechtigkeitsliebe und unparteiische
strenge Haltung der Regierung ihren Beamten gegenüber, wenn
dieselben zu Beschwerden und Klagen Anlaß gaben.

Im Jahr 1829 wurde Bitzius als Vikar nach Bern berufen
und predigte an der Auffahrt dieses Jahres zum erstenmal in
der Heiligen-Geist-Kirche daselbst. Sein Vorgesetzter war Herr
Pfarrer Wyttenbach, bereits in sehr hohem Alter, auch als Ge=
lehrter und Liebhaber der Naturwissenschaften in seiner Vater=
stadt rühmlichst bekannt. Bitzius blieb in diesem Vikariat nur
etwa anderthalb Jahre. Seine Hauptbeschäftigung neben den
Funktionen seines Amtes bezog sich auf das Armenwesen seines
Sprengels, dem er mit großem Eifer oblag. Das Schulwesen
nahm ihn ebenfalls in Anspruch. Er war in seinem Kirchspiel
Schulinspektor. Als Prediger hatte er, obgleich der Inhalt seiner
Predigten sehr gut war, nicht besonders großen Zulauf. Sein
Redeorgan und seine Aussprache waren ihm in dieser Beziehung
hinderlich. Bei aller Gedankenfülle und richtiger Betonung der
Worte und Sätze fehlte ihm jenes Feuer und der leichte und
mächtige Fluß der Rede, welche den geistlichen wie den welt=
lichen Redner ausmachen und den Zuhörer zu ihren Vorträgen
locken. Seine Stärke lag, wenigstens gegen seine großen anderen
Erfolge gehalten, nicht in dieser Richtung.

Besonderes Interesse bietet übrigens sein Aufenthalt in Bern
nicht dar. Zeit zu Studien fand er nicht. Er hatte einen großen
Sprengel zu besorgen, und die Zeit, die er von seiner amtlichen
Tätigkeit erübrigen konnte, war der Erholung gewidmet. Er
besuchte damals besonders oft Damengesellschaften, und geselliger
Verkehr sagte seiner Neigung am meisten zu. Witz und fröhliche
Laune, Offenheit und Zuverlässigkeit machten ihn zum beliebten
Gesellschafter und stets willkommenen Freund.

Zum letzten Male sollte er nun auf eine Station als Vikar
berufen werden, und am Neujahrstag 1831 reiste er als solcher,
nachdem er mit Mutter und Schwester den festlichen Tag nach

alter Sitte gefeiert, in das von Bern etwa fünf Stunden ent=
fernte Lützelflüh ab...   ......

       sedes ubi fata quietas ostendunt...

welches ihm zum bleibenden Sitz für das Leben beschieden war,
und dessen Kirchhof einst, nach einer Reihe glücklicher und tätiger
Jahre, nach rastlosem Tagewerke auch seine irdische Hülle um=
schließen sollte.

Das Bernische Emmental ist durch Bitzius’ Schriften der
lesenden Welt fast so bekannt geworden, als das Berner Oberland
der reisenden Welt längst war. Seine Physiognomie ist freundlich
und heimatlich, wie die des Oberlandes erhaben und pittoresk.
Was dem Emmental, von welchem das eigentliche Flußgebiet
der Emme nur den kleineren Teil bildet, seinen Charakter gibt,
sind die zahmen, nur selten von Felspartien unterbrochenen
konischen Hügel der Haupttäler mit einer Menge kleinerer Seiten=
täler, der Reichtum der Vegetation und des Wassers, die sich
immer weiter nach den Höhen ziehende Kultur des Landes,
daher die vielen Bergheimatgüter mit immer neuen Aussichten,
der ganz germanische oder alemannische Charakter der zerstreuten
Bauernhöfe, von denen die größeren mit dem Komplex ihrer
Gehöfte wie kleine Ortschaften aussehen, endlich der tätige, aber
mehr ernste und innerliche Charakter der Bewohner dieser Land=
schaft, deren stattliche Dörfer von regem Fleiß und glücklichem
Wohlstand zeugen, so wie die schmucken Häuser mit den geordneten
zierlichen Gärten jenen echt germanischen Sinn für Nettigkeit,
Reinlichkeit, häusliche Ordnung beurkunden. Einen eigenen
aristokratischen Anstrich geben den größeren und bedeutenderen
Emmentaler Dörfern ihre Schächen, das heißt eine Art Vor=
städte, vom ärmeren Volke bewohnt, oft nach verschiedenen Seiten
hin das Dorf verlängernd, dessen Kern mit den reicheren Woh=
nungen wie eine kleine City in der Mitte liegt. (Schächen
bedeuten eigentlich die Talsohlen, die Ufer eines Flusses im weiteren
Sinn, bei der Emme gewöhnlich mit Wald und Gestrüpp bedeckt,

auf denen die kleinen Häuschen der Armen liegen, die sich gleich=
sam den Augen der Menschen mit ihrem Elend entziehen). Daher
die Benennungen: Schächler und Dörfler, die in den
Gemeindeangelegenheiten oft eine Rolle spielen, da sie ver=
schiedenartige Interessen bezeichnen. Reisende, die auch England
gut kannten, haben in dieser eigentümlichen Physiognomie
mancher Emmentalischen Dörfer Ähnlichkeit mit derjenigen in
einigen englischen Grafschaften finden wollen.

Das Dorf Lützelflüh nun liegt im eigentlichen Emmen=
tal, auf den Höhen des rechten Flußufers, etwa anderthalb
Stunden oberhalb Burgdorfs und ist eines der größeren des
Emmentals. Gegen Nord und Ost ist es von grünen Hügeln um=
geben, die schöne Buchenwälder bekränzen. Auf einem derselben
stand das herrschaftliche Schloß Brandis, welches im Jahre 1798
bei der französischen Invasion von den Bauern zerstört wurde.
Tief unten fließt die Emme, über welche die große Luzern—Bern=
Straße auf altersgrauer Brücke führt. Das Dorf breitet sich oben
parallel mit dem Flusse aus. Stromaufwärts erblickt man, über
die weiteren oberemmentalischen Höhen wegsehend, ein paar
Gletscherfirnen des Oberlandes, während dem stromabwärts
gerichteten Blick zwischen den anmutigen Haslebergen und den
Hügeln des rechten Ufers ein Stück von „Juras blauer Wand"
begegnet. Die Pfarrgemeinde Lützelflüh ist weit ausgedehnt, so
daß sie an nicht weniger als dreizehn andere Kirchgemeinden
grenzt. Sie zählt etwa 3600 Einwohner und so viele auswärts
wohnende Bürger, daß einmal in einem Jahre 136 Taufen von
Kindern solcher Absentees eingeschrieben wurden. Diese vielen
auswärts Wohnenden machen auch hier, wie überall im Emmen=
tal, eine starke Korrespondenz nötig, und die Pfarrgeschäfte sind
bedeutend. Auch kann sich der Pfarrer von Lützelflüh bei der sonder=
baren geographischen Lage des Sprengels, dessen einzelne Ort=
schaften sehr weit auseinanderliegen und durch die mannig=
fachsten Einschnitte anderer Gemeinden getrennt sind, hin=

reichende Bewegung machen, um an die verschiedenen Peripherie=
punkte zu gelangen.

Der neue Vikar Bitzius hatte daher im Jahre 1831 vollauf zu
tun mit Besorgung seiner Amtsgeschäfte; er hatte sich in ganz
neue Verhältnisse einzustudieren, die Gemeinde kennenzulernen.
Diese gewann den tätigen, immer rasch angreifenden, dabei
runden und franken jungen Mann bald lieb, und es war ihr daher
sehr erfreulich und erwünscht, als, nach dem ein Jahr darauf
erfolgten Tod des alten Pfarrers, Bitzius im März 1832 an dessen
Stelle zum Pfarrer ernannt wurde und im April bereits das neue
wichtige Amt antrat.

Das Jahr 1832 wurde auch noch in anderer Beziehung ein
Schicksalsjahr für Bitzius, indem er in diesem die Bekanntschaft
seiner liebenswürdigen Gattin machte, der Großtochter seines
Vorgängers im Amt, des Pfarrers Faßnacht, und Tochter des
Professors Zeender, eines bekannten akademischen Lehrers in
Bern. Fräulein Zeender kam zuweilen in die Pfarre Lützelflüh
auf Besuch, woselbst sie Bitzius kennen lernte. Die Herzen kamen
sich entgegen, und am 8. Januar 1833 feierte der glückliche Pfarrer
seine Hochzeit, von seinem vertrauten Freund Farschon,
dem Pfarrer in Wynigen bei Burgdorf, eingesegnet.

Eine neue Lebensepoche voll Tätigkeit und Glück geht nun
für Bitzius auf. Er hat einen selbständigen Wirkungskreis ge=
wonnen. Das Los eines Vikars gleicht so ziemlich demjenigen
eines Wallensteinischen Soldaten. Auch er muß ohne Heimat
Auf dem Erdboden flüchtig schwärmen,
Kann sich am eigenen Herd nicht wärmen.
Dies ist nun für Bitzius überwunden. Er hat einen sicheren Stand
und eine bleibende Stätte. Das Δός μοι ποῦ στῶ (gib mir einen
Ort, wo ich stehen kann) ist für ihn in Erfüllung gegangen, und
neben einer Zukunft reicher Berufstätigkeit und bürgerlicher
Wirksamkeit steht die Hütte häuslichen Glückes aufgerichtet,
welche jene krönt, ergänzt und frisch und lebendig erhält. Beide

40

Sphären griffen von nun an für ihn ineinander, und Haus und
Familie sind der feste Ausgangspunkt wie der stets erfrischende
Ruhepunkt für das öffentliche und amtliche Wirken geworden.

Die Vorsehung meint es gut mit Bißius, daß er auch hierin
seinem innersten Triebe nachgehen konnte. Ein so ungetrübtes
Familienglück, wie es ihm zuteil ward, gab dem von jeher heiteren
und hellen Grund seiner Seele jene Klarheit und Tiefe, die uns
in seinen Schriften so wohl tun, die seinen persönlichen Umgang
so anziehend machten und die neidwerte Sicherheit seines Wesens
in allen Beziehungen zutage treten ließen.

Bißius lebte nun in der ersten Zeit ganz seinem Amte und seiner
Gemeinde. Außer der eigentlichen Seelsorge waren es wieder
das Schulwesen und die Armenpflege, welche ihn beschäftigten,
und welche immer mehr Hauptziele seiner Bestrebungen wurden.
Es war allerdings für diese Bestrebungen eine fruchtbare Zeit,
in welcher die Gedanken der einzelnen den öffentlichen Wünschen
entgegenkamen und das Bedürfnis von Reformen gerade hier
am tiefsten gefühlt wurde.

Der Kanton Bern hatte im Jahre 1831 eine neue demokratische
Verfassung erhalten; auf die lange Ruhe des öffentlichen Lebens
war plötzlich eine gewaltige, oft fieberhafte Bewegung gefolgt.
Es sollte in allen Richtungen reformiert werden. Wichtige Ge=
setzesprojekte der verschiedensten Art wurden ausgearbeitet und
votiert oder wenigstens vorbereitet. Es war eine Zeit des Werdens
und Schaffens, die darum auch unvermeidlich den chaotischen
Charakter solcher Perioden an sich trug und in der brausenden
Gärung der Elemente noch wenig feste Gestaltungen erblicken
ließ. In keinem öffentlichen Verwaltungszweig aber regte sich's
stärker und allseitiger als im Schulwesen, namentlich im Primar=
schulwesen. Man sah die Sorge für dasselbe nicht mit Unrecht
als die eigentliche Grundsteinlegung einer besseren Zukunft an.
Die ersten Fachmänner des Kantons, voraus Fellenberg, der
längst in Hofwyl seinen Landsleuten durch praktisches Beispiel

über Primarschule, Armenerziehung und Landwirtschaft predigte
und nun voll großartiger Pläne war für die Schulreform des
Kantons, wendeten sich mit Energie dieser Seite des öffentlichen
Wohles zu. Die früher sehr vernachlässigte Bildung von Primar=
schullehrern schien das notwendigste Fundament des neuen
Gebäudes, dessen Werkmeister freilich beizeiten über Grundrisse
und Ausführung uneins wurden, so daß Fellenberg und seine
Kollegen in der Staatsbehörde, dem Erziehungsdepartement,
bald ganz verschiedene Wege einschlugen. Es entstanden Rei=
bungen, Rivalitäten, heftige Meinungskämpfe, und der Aus=
führung der reformatorischen Ideen traten bald überall Hinder=
nisse aller Art entgegen, wobei viel Menschliches zum Vorschein
kam, große Namen kleinliche Seiten zeigten und das Iliacos
intra muros peccatur et extra vielfach seine Anwendung fand.
Bitzius hat diese Entwicklungsgeschichte des Berner Primar=
schulwesens in jenen Jahren in den „Leiden und Freuden eines
Schulmeisters“ vortrefflich geschildert. Er konnte das als Kundiger
und Mitleidender tun. Denn er wurde früh in jene Kämpfe ver=
flochten. Es wurden nämlich infolge der Spaltung zwischen
Hofwyl und dem Bernischen Erziehungsdepartement rivale
Normalkurse für Schullehrer einerseits in Hofwyl, andrerseits
auf verschiedenen Punkten des Kantons gehalten (das kantonale
Schullehrerseminar war eine spätere Schöpfung), und an den
letzteren beteiligten sich vorzüglich fähige Geistliche der betreffen=
den Landesgegend. Auch Bitzius bot seine Dienste an für den
Normalkurs, der in Burgdorf abgehalten wurde, und trug hier
Schweizer Geschichte vor, wobei er von den Schulblättern, die
in Hofwyl erschienen und die Staats=Normalkurse einer scharfen
Kritik unterwarfen, gleich anderen viel zu leiden hatte, wie wir
aus Äußerungen in seinen Briefen sehen. Er saß auch zu jener
Zeit in einer größeren Schulkommission, wo indes seine Stimme
von den Tonangebern wenig beachtet wurde, da, wie jedermann
weiß, das Mitreden jüngerer, wenn auch ganz kompetenter Sach=

42

verständiger bei Scholarchen nicht weniger als bei anderen an die
„gloria obsequii“ gewöhnten Majestätspersonen leicht als Un=
bescheidenheit und Zudringlichkeit ausgelegt wird.

Neben dem Volksschulwesen waren es die Armenverhältnisse,
welche die Blicke gemeinnütziger Männer auf sich zogen und
ihre vielseitige Tätigkeit in Anspruch nahmen. Das erste und
Dringendste, was auf diesem Gebiet zu unternehmen war, bestand
in einer besseren Erziehung armer Kinder, die bis dahin gänzlich
dem Zufall preisgegeben war und unter der größten Verwahr=
losung zu leiden hatte. Diese Verwahrlosung hatte besonders in
Landesgegenden, die, wie das Emmental, aus hier nicht zu er=
örternden Ursachen mit Armen schwer belastet waren, die trau=
rigsten Folgen.

Auch auf diesem Gebiet nun war Fellenberg vorangegangen,
und Bitzius zollt ihm in seiner „Armennot“ die vollste Anerken=
nung dafür, daß er „den Gedanken, arme Kinder aus der Schwüle
der Armenstuben, aus den Händen roher Verdinger zu nehmen
und sie durch eine tüchtige Erziehung für ein selbständiges Leben
zu befähigen, dadurch der Armut zu begegnen, ihr das Krebs=
artige, Aussätzige zu nehmen, zuerst auf seinem Hofwyl verwirklicht
und den Kindern in Herrn Wehrli einen eigentlichen Vater
gegeben hat“.

Es entstand, da man Fellenbergs Musteranstalt vor Augen
hatte, ein „Verein für christliche Volksbildung“, dessen eifriges
Mitglied auch unser Bitzius wurde. Diesen Verein drängte bald,
wie sich Bitzius ausdrückt, „die Not der Sache, wie eine unsicht=
bare Macht, vom allgemeinen Zwecke weg auf den besonderen
der christlichen Armenerziehung,“ so daß diese Aufgabe seine
ausschließliche wurde. Als Früchte der Anstrengungen dieses
Vereins entstanden mehrere Anstalten im Kanton Bern, welche
die Erziehung armer Kinder zum Zweck hatten, und Bitzius,
dessen Pfarrgemeinde im volkreichen und vom Pauperismus
stark heimgesuchten emmentalischen Amtsbezirk Trachselwald lag,

war sofort, in Verbindung mit den gemeinnützigsten Männern
des Amtsbezirkes, darauf bedacht, auch hier eine solche Erziehungs=
anstalt für arme Knaben zu gründen. Der richtige Grundgedanke
dieser Anstalten, der nie genug beherzigt werden kann, ist der,
daß man der Bevölkerung in der Nähe, vor aller Augen
zeigen müsse, wie arme Kinder zu erziehen seien, daß man durch
diesen lokalen, auf einen nur mäßig großen Bezirk berechneten
Charakter solcher Anstalten alles Mißtrauen heben und die Ein=
sicht, die selbst sehen und prüfen kann, spornen müsse. Mit welchen
Schwierigkeiten die Anstalt von Trachselwald, diese so bescheidene
als nützliche Schöpfung, von Privaten gegründet und auch von
ihnen erhalten, bis zu ihrem gesicherten Bestand zu kämpfen hatte,
welche Ausdauer nötig war, um nicht zu verzagen, und wie endlich
der beste Erfolg das Werk krönte, welches sich seither einer stets
steigenden Blüte erfreute, das alles hat Bitzius in seiner „Armennot"
vortrefflich geschildert. Die Beschreibung des schlichten und herz=
lichen Einweihungsfestes am ersten Juni 1835, welchen Tag Bitzius
einen eigentlichen Hochzeitstag nennt, ist eine seiner wärmsten und
innigsten Szenen, an denen seine Schriften so reich sind. Die An=
stalt wurde für ihn ein zweites Familienleben. Bis an seinen Tod
wirkte er in derselben und für dieselbe. Dieses Jahr 1835 war für
ihn auch in anderer Beziehung ein sehr glückliches. Im November
wurde ihm ein Sohn geboren, nachdem er gerade ein Jahr vorher
mit einem erstgeborenen Mädchen erfreut worden war.

So erweiterte sich der Kreis von Bitzius' Tätigkeit immer
mehr. Er schien mit jeder neuen Aufgabe, die er sich stellte, neue
Kraft zu gewinnen zur Ausführung derselben, und doch füllten
diese verschiedenartigen Tätigkeiten seinen rastlosen und gärenden
Geist bei weitem nicht aus. Denn wir sind nun an dem merk=
würdigen Zeitpunkt seines Lebens angelangt, da er eine ganz
neue Bahn zu durchlaufen beginnt, eine Bahn, auf welcher ihm
so viel Preise winken, und die er mit der Rüstigkeit eines echten
olympischen Wettkämpfers durchmißt, nur des Zieles eingedenk

44

und unbesorgt darüber, ob die Anstrengung, dahin zu gelangen, sein Leben schneller aufzehren und sein Tagewerk früher schließen werde, als wenn er sich von den Mühen und Gefahren dieser neuen öffentlichen Bahn ganz ferngehalten hätte.

Im Jahr 1836 trat nämlich Bitzius zum ersten Male und zur Überraschung seiner Freunde und Bekannten, welche das in ihm glimmende Feuer nicht von ferne ahnten, als Schriftsteller auf. Die Erscheinung des „Bauernspiegels" oder der „Lebensgeschichte des Jeremias Gotthelf" fällt in den Spätsommer dieses Jahres. Ehe wir aber von diesem Buche und dessen Entstehung selbst sprechen, begegnen wir unabweislich der Frage: Wie ist Bitzius Schriftsteller geworden? Welche Motive lagen diesem seinem ganz neuen Beruf zugrunde? Was determinierte sein Schriftstellertalent zur Produktion und weckte diese schlummernde Kraft in ihm? Und wie ist es ferner gekommen, daß eine so entschiedene Anlage zu schriftstellerischer Darstellung, zu dichterischen Schöpfungen erst so spät und gerade jetzt hervorbrach, ohne ein bestimmendes Ereignis oder besondere äußere Impulse?

Der Schriftsteller von Beruf, das heißt der Männer, welche aus der Schriftstellerei ihren Lebenszweck machen, gibt es in der Schweiz wenige, am wenigsten im Fach der sogenannten schönen Literatur, deren Zweck Unterhaltung und Ergötzung ist. In unseren kleinen Freistaaten, wo alles aufs Leben gerichtet ist und vom Leben in Anspruch genommen wird, wo das Nüchterne, Praktische, Reelle überall vorwaltet, kann es fast nur gelegentliche Schriftsteller geben, oder dann Fachgelehrte, Männer der Wissenschaft, die über ihr Fach schreiben und Bauleute sind am großen universellen Gebäude des Wissens. Eigentliche Literaten, sogeheißene Belletristen als Zunft, als besonderer Stand im Staate, wie sie sich in den großen Nachbarstaaten der Schweiz so zahlreich finden, gibt es in der Schweiz überhaupt nicht, am allerwenigsten im Kanton Bern.

Zürich hatte einst, im vorigen Jahrhundert, eine Zeit lite-

rarischer Blüte und besaß ein wahres Literatentum. Es lieferte
ein starkes Kontingent Mitstreiter in jenen unblutigen, aber
hitzigen literarischen Fehden Gottschedischen Angedenkens. Diese
Zeit wird aber nie wiederkehren. Die Industrie hat seitdem dort
und anderswo weit realere und lockendere Felder eröffnet. Die
Schriftstellerei wird in unseren kleinen Gemeinwesen Lieb=
haberei bleiben oder ganz praktischen Nützlichkeits= und Staats=
zwecken dienen. Selbst Zschokke, bei weitem der fruchtbarste
und bekannteste schweizerische Schriftsteller dieses Jahrhunderts,
kann nicht dagegen angeführt werden. Auch er war ein Mann
des praktischen Lebens, war stets in Staatsgeschäften verschiedener
Art und seine Tätigkeit so wenig eine bloß schriftstellerische, daß
seine Schriftstellerei weit mehr wie eine großartige Liebhaberei
denn als ausschließlicher Lebensberuf erscheint. So schrieb Pesta=
lozzi, um seinen praktischen Zielen und Bestrebungen Eingang
zu verschaffen. Literarische Motive können bei uns nicht leicht
Schriftsteller erwecken. Das Lesebedürfnis wird, wo es vorhanden
ist und über die Tagespublizistik hinausgeht, durch das Ausland
mehr als befriedigt. Wir beziehen unsere Leseware von den großen
nahen Weltmärkten germanischer und romanischer Zunge, und
es ist noch nicht vorgekommen, daß unser Lesebedürfnis so un=
geheuerlich gestiegen wäre, daß man nach einheimischer Fabri=
kation geschrien und nach einem eigenen Literatentum geseufzt
hätte. Es wird also bei uns niemand Schriftsteller, um zu leben,
wie man Arzt, Jurist, Industrieller wird. Die Schweiz, besonders
aber Bern, wäre für ein Literatentum, welches außerhalb der
Wissenschaft und Fachgelehrsamkeit wie außerhalb der nationalen
Nützlichkeitsbestrebungen in Technologie, Landwirtschaft, In=
dustrie usw.-stände, ein unwirtlicher, ja sibirischer Boden. Durch
außerordentliche Ereignisse, wie Revolutionen und dergleichen,
können wohl einzelne Literaten wie seltene Zugvögel zu uns
verschneit, an unsere Küste verschlagen werden. Dies bestätigt
aber nur unsere Behauptung, daß für Schöngeisterei unser Klima

46

viel zu rauh ist und dergleichen Pflanzen hier nur ein ärmliches
Dasein fristen können.

Bitzius konnte also nicht, wie dies in den großen Staaten der
Fall ist, auf ein unterhaltungsbedürftiges und emotionssüchtiges
Publikum spekulieren. Er konnte überhaupt nicht spekulieren
wollen. Denn eben jener Verhältnisse wegen will es in der Schweiz
etwas heißen, für neue, ins belletristische Fach schlagende Werke,
wie Romane, Dramen und dergleichen, Verleger und Absatz zu
finden. Aus Spekulation hätte Bitzius nie die Feder ergreifen
können und, wenn er es gekonnt, nicht ergreifen wollen. Er war
dazu ein viel zu ernsthaft angelegter Charakter, ein viel zu sehr,
man könnte sagen, ausschließlich aufs Leben, aufs Wirken, auf
die Gestaltung der wirklichen Welt um sich her gerichteter Mann.
Zur Unterhaltung des Publikums mit neuen überraschenden
Dingen, mit neuen Kaleidoskopen voll schimmernder Künstlich-
keiten, zum Vorsetzen neuer künstlicher, auf Wiederbelebung eines
erschlafften Appetits berechneter Gerichte wäre Bitzius der un-
tauglichste Mann gewesen und die ländliche Einsamkeit seines
Pfarrdorfes die ungeeignetste Stelle und Umgebung zur Er-
richtung einer solchen Garküche.

Die gewöhnlichen literarischen Motive konnten es also nicht
sein, welche Bitzius zum Schriftsteller machten. Ebensowenig
waren es ökonomische. Bitzius hatte seinen Beruf, sein ganz
genügendes Auskommen. Seine äußeren Verhältnisse enthielten
weder eine Aufforderung noch einen Sporn dazu, sich in die
schriftstellerische Laufbahn zu werfen. Auch ist bei ihm wie bei
anderen ganz praktischen Naturen diese Laufbahn, besonders in
ihren Anfängen, nicht Zweck, sondern nur Mittel gewesen. Seine
Ziele waren ganz praktischer gemeinnütziger Art, wie sie einem
ernsthaften, auf die öffentlichen Zustände aufmerksamen Bürger
natürlich sind. Er empfand das Bedürfnis, zu reformieren, gewisse
Zweige des öffentlichen Lebens, deren Gebrechen ihm genau
bekannt waren, wie das Armenwesen, das Schulwesen, verbessern

zu helfen, hineinzuzünden mit der Leuchte vernünftiger Einsicht
in die Krankheitszustände der Zeit und durch rückhaltlose Dar=
legung der Tatsachen auf Abhilfe hinzuwirken. Dieser Zweck
erscheint als das determinierende Motiv von Bitzius' Schrift=
stellertum und kein anderer. Er wollte Belehrung und Aufklärung
über des Volkes Zustände, besonders über die innerlichen, dem
Auge mehr verborgenen Seiten derselben verbreiten. Er fühlte
in sich das Geschick und die Wahrheitsliebe dazu. Er wollte als
Experter seine Stimme erheben auf die einzige Weise, die ihm
nicht von offizieller Seite verkümmert werden konnte. Nur als
Schriftsteller konnte er frei, von der Leber weg sprechen. Die
parlamentarische Freiheit in irgendeinem Kollegium oder einer
Behörde, die übrigens nur durch die Zufälligkeit einer voraus=
gehenden Wahl verliehen wird, ist ein armseliges und beschränktes
Ding, gegen die Freiheit des Schriftstellers gehalten. Wer daher
aus voller Brust über wichtige Gegenstände reden will, muß
schreiben. Wer über solche Gegenstände sich Gehör verschaffen
will, muß darauf verzichten, sie in dieser oder jener Stube, wo
diese oder jene Gesellschaft von Leuten sitzt, zu erörtern; er muß
vor dem ganzen Volke und zu dem ganzen Volke
sprechen. Bitzius hatte dieses Gefühl der Beschränkung, des Ge=
hemmtseins, das Gefühl, mit seiner auf innerste Erfahrung ge=
gründeten Ansicht in diesen oder jenen Dingen nirgends wohl
anzukommen und auf das Anhören anderer verwiesen zu werden,
in vollem Maße. Ohnehin lassen sich große Fragen, die nach allen
Seiten zu beleuchten sind, in Kollegien, wo Zeit und Geschäfte
drängen, nicht erschöpfen. Bitzius muß vor der Erscheinung des
„Bauernspiegels" eine Zeit großer innerer Gärung durchgemacht
haben. Er fühlte sich von einer dunkeln Kraft beherrscht, die nirgends
zum Durchbruch kommen konnte, und welcher die gewöhnliche
Tätigkeit seines Lebens nicht genügte. Er fühlte, einer noch
schlummernden Produktionskraft sich bewußt, jenen unwider=
stehlichen Trieb,

Herauszutreten in das Leben,
In Wort und Tat, in Bild und Schall.

Er hat selbst diesen Zustand geistiger Geburtswehen in einem späteren Brief an einen intimen Freund auf höchst naive und kraftvolle Weise geschildert. „Es kömmt mir je länger je mehr vor," schreibt er, (nach dem Erscheinen der „Leiden und Freuden eines Schulmeisters", 1838), „daß man eigentlich nicht weiß, wer ich eigentlich bin, und daß die meisten Leute mich anders denken, als ich bin; daß man daher auch mein Schreiben und meine Schriften die ich beide nur psychologisch rechtfertigen kann, von einem durchaus falschen Standpunkt aus beurteile.

Die Berner Welt ist eine eigene. Sie macht ein festgegliedertes Ganzes aus. Ins vorderste Glied zu kommen, ist der Hauptspaß, und sobald ein Berner zum Bewußtsein kömmt, so drängt er sich in die Glieder und sucht sich d u r c h d i e G l i e d e r zu drängen. Ich hatte keinen Begriff von diesem allem, und keinem Menschen ist es je weniger in Sinn gekommen, sich einen Weg machen zu wollen. Hingegen sprudelte in mir eine bedeutende Tatkraft. Wo i c h z u g r i f f, mußte etwas gehen; was ich in die Hände kriegte, organisierte ich. Was mich ergriff zum Reden oder zum Handeln, das regierte mich. Das bedeutende Leben, das sich unwillkürlich in mir regte, laut ward, schien vielen ein unberufenes Zudrängen, ein unbescheiden vorlaut Wesen, und nun stellten sich mir alle d i e feindlich entgegen, die glaubten, ich wollte mich zudrängen dahin, wohin sie allein gehören ... So wurde ich von allen Seiten gelähmt, niedergehalten, konnte nirgends ein freies Tun sprudeln lassen, konnte mich nicht einmal ordentlich ausreiten. Hätte ich alle zwei Tage einen Ritt tun können, ich hätte nie geschrieben. Begreife nun, daß e i n w i l d e s Leben i n m i r w o g t e, v o n d e m n i e m a n d A h n u n g hatte; und wenn einige Äußerungen los sich rangen, so nahm man sie halt als freche Worte. Dieses Leben mußte sich entweder aufzehren oder losbrechen auf irgendeine Weise.

Es tat es in Schrift. Und daß es nun ein förmlich Los=
brechen einer lang verhaltenen Kraft, ich möchte sagen, der
Ausbruch eines Bergsees ist, das bedenkt man natürlich nicht.
Ein solcher See bricht in wilden Fluten los, bis er sich Bahn ge=
brochen, und führet Dreck und Steine mit in wildem Graus.
Dann läutert er sich und kann ein schönes Wässerchen werden.
So ist mein Schreiben auch gewesen ein Bahnbrechen, ein wildes
Umsichschlagen nach allen Seiten hin, woher der Druck gekommen,
um freien Platz zu erhalten. Es war, wie ich zum Schreiben
gekommen, auf der einen Seite eine Naturnotwendigkeit; auf
der anderen Seite mußte ich wirklich so schreiben, wenn ich ein=
schlagen wollte ins Volk. Nur bin ich mir bis dahin nicht zum
Bewußtsein gekommen. Wie mein früheres Tun kein anderes
Ziel hatte als das Schaffen selbst, so hatte ich auch beim Schreiben
keine Ahnung, mir Ruhm, eine bedeutende Stellung zu erwerben ..
Du wirst vielleicht lachen über meine Klagen über Unterdrückung,
aber sieh, erst jetzt fällt mir so recht auf, Jeremias und Käser
sind unterdrückte Naturen. Der eine schlägt sich frei, der andere
kann nicht. Und dieser Zug, die Helden auf diese Weise zu
zeichnen, bezeichnet mehr oder weniger die innere
Lage des Schriftstellers."

Auf ähnliche offene Weise drückt er sich in einem Brief an
seinen Freund Maurer=v. Constant (in München) aus:
„Meine glücklichste Gabe war eine negative, nämlich Mangel
an Ehrgeiz. Ich wollte nichts werden, strebte keine sogenannte
Stellung in der Welt an; aber was Gott mir zu schaffen vor=
legte, arbeitete ich frisch vorweg und fragte nicht: Was trägt es
ein? oder: Was sagt die Welt? Eine fast kindische, aber jedenfalls
gutmütige Rücksichtslosigkeit war mir angeboren, machte mir
bittere Feinde, auch Freunde, veranlaßte aber oft meine besten
Freunde, Zeter über mich zu schreien, mir alles Weh und Un=
glück zu prophezeien. So kam ich zum Schreiben, ohne
alle Vorbereitung, und ohne daran zu denken, eigentlich

50

Schriftsteller zu werden, Volksschriftsteller. Aber das Armen=
wesen, die Schule stunden in Frage!... So sprang erst
der ‚Bauernspiegel‘, dann der ‚Schulmeister‘ hervor, mit der
gewohnten Rücksichtslosigkeit, die nach nichts frägt, als ob es
so gut und recht sei.“

Wenn wir uns aus dem Angeführten, aus Bitzius’ eigenen
Bekenntnissen das Rätsel seines unerwarteten plötzlichen Auf=
tretens als Schriftsteller lösen können, wenn er nur als der Mann
der praktischen Ziele und Bestrebungen erscheint, der es unter=
nehmen wollte, das Volksleben zu schildern, weil er es kannte
und sich der Macht bewußt war, durch naturgetreue Darstellung
auf dasselbe in besonderem Sinne wirken zu können, so wird es
uns auch ganz klar werden, warum Bitzius erst jetzt, bald ein
Vierziger, zu schreiben anfing und nicht in früheren Lebens=
perioden sich in schriftstellerischen Arbeiten versuchte. Nur der
gereifte Mann, nicht der erst werdende, nicht der Jüngling, der
noch weniges beobachtet und verglichen hat, konnte es unter=
nehmen, das Volk oder, wenn man sich genauer ausdrücken will,
das ländliche Volk, das Volk auf dem Land und in den Dörfern
in seinen mannigfachen Beziehungen, in seinen reichen und seinen
Schattierungen zu schildern. Erst der Mann, der schon eine große
Summe von Erfahrungen gesammelt, der aus reichhaltiger An=
schauung heraus sich bereits ein festes Urteil, einen sicheren Maß=
stab gebildet hatte, an welchen er das Treiben der Menschen halten
konnte, erst ein so geschulter und feststehender Mann konnte
zum Entschlusse kommen, auch seine Stimme vernehmen zu
lassen vor allem Volke, Zustände auseinanderzubreiten, in deren
dunkle Falten man bisher nicht geschaut, und zerstreute und
deshalb unbeachtete Züge in lebensvolle große Gemälde zu
sammeln. Erst jetzt mußte es ihn drängen, mit seinem Schatz
hervorzutreten; erst jetzt, da die rechte, fruchtbare Stunde ge=
kommen war, wurde der innere Schaffenstrieb ein unwider=
stehlicher und sprengte, um uns so auszudrücken, sein Gefäß.

51.

Aus diesen Motiven und Stimmungen ging der „Bauern=
spiegel" hervor. Das Buch entstand in kurzer Zeit und aus einem
Guß. Plan und Grundidee mögen den Verfasser schon lange
beschäftigt haben, da er in der Vorrede sagt, er habe „seine Arbeit
lange in stiller Brust getragen, sorgfältiglich". Das Manuskript
hatte er bloß einem oder zwei Freunden mitgeteilt. Selbst seine
Frau wußte nichts darum, bis er ihr einmal die ersten Bogen
vorlas und sie um ihre Meinung darüber befragte. Er hatte
zuerst seinen Helden Jeremias Gotterbarm taufen wollen.
Einer jener Freunde riet zum Namen Gotthelf, welcher
dann auch Bitzius besser gefiel und späterhin ihm selbst als
gefeierter Autorname bleiben sollte. — Das ganze Buch nun,
das müssen wir bekennen, sein Grundgedanke und seine Aus=
führung, die gewählte Form einer Selbstbiographie, alles bis
auf den prägnanten und originellen Titel „Bauernspiegel" war
ein höchst glücklicher Wurf des Verfassers. Dieser Titel schon
weist die Vorstellung eines gewöhnlichen Romans von sich ab
und deutet zugleich die Derbheit und Rücksichtslosigkeit an, die
in dem Buche vorwalten würde. Das Buch selbst erscheint uns
als der wahre Prototyp des Geistes und Talentes seines Ver=
fassers. Es ist das Urbild und Vorbild, wir möchten fast sagen:
das Programm aller seiner späteren Schriften. Seine wichtigsten
späteren Bücher sind gleichsam schon in nuce in diesem ersten
enthalten. Aus einzelnen wichtigen Kapiteln des „Bauernspiegels"
wuchsen später größere einzelne Werke hervor. Wir finden in
diesen späteren Büchern, die meist solchen einzelnen wichtigen
Verhältnissen gewidmet sind, keine Lebensseite, keine Beziehung,
die nicht schon im „Bauernspiegel", wenn auch nur mit ein paar
Strichen, skizziert oder angedeutet worden wären. So führen
zum Beispiel die „Leiden und Freuden eines Schulmeisters"
das, was uns Jeremias Gotthelf im „Bauernspiegel" über das
Schulwesen erzählt, in einem eigenen großen Gemälde aus; die
„Armennot" illustriert das Kapitel von der Verdingung armer

Kinder, von den „Güterbuben" und den Mißbräuchen im Armen=
erziehungswesen überhaupt. Die beiden „Uli" sind ein herrlicher
Kommentar zum Verhältnis zwischen Meister und Dienstboten,
wie es schon im „Bauernspiegel" in meisterhaften Zügen skizziert
ist. „Anne Bäbi Jowäger" erläutert die wichtigen Kapitel über
Pfuscherei in der Medizin und in der Seelsorge. Der „Geltstag"
führt den Unfug des Wirtshauslebens und dessen Einwirkung
auf weitere davon berührte Verhältnisse aus. „Geld und Geist"
zeigen die erhebende, patriarchalische Seite des reichen Bauern=
hauses, während der „Schuldenbauer" gleichsam die abschüssige
Seite des Grundbesitzes schildert, das mühvolle und vergebliche
Ringen des ärmeren ehrlichen Landbesitzers. Die „Käserei in der
Vehfreude" läßt uns einen tiefen Blick in die genossenschaftlichen
und gemeinheitlichen Verhältnisse des Dorflebens werfen. Im
„Zeitgeist und Bernergeist" sehen wir den Konflikt der politischen
Bewegung und Agitation mit dem Stilleben der Familie. In
„Käthi" endlich erscheint das rührende Bild ehrlicher und gott=
vertrauender Armut im täglichen Kampf mit Not und Be=
drängnis, und viele kleinere Erzählungen ergänzen diese großen
Einzelbilder und Lebensseiten bald in diesem, bald in jenem
Stück. Im „Bauernspiegel" nun ist das ganze Zeug zu diesen
späteren Schöpfungen schon vorhanden, einzelnes schon ziemlich
ausgeführt, anderes angedeutet. Das Buch ist daher, um uns eines
Bildes aus der Industrie zu bedienen, das ausgelegte Probestück
eines neuen und seltenen Fabrikats, an welchem der Kenner auf
den ersten Blick das Auszeichnende in Stoff und Gewebe er=
kennt, welches demselben, je mehr Stücke davon ausgegeben und
ausgelegt werden, desto reißendere Nachfrage sichert.

Das Buch bleibt seinem doppelten Titel getreu und hat auch
in diesem Titel nicht mehr und nicht anderes versprochen, als
es zu halten willens ist. Als Bauernspiegel verzichtet es
von vornherein auf eine strenge künstlerische Einheit und ver=
spricht nur eine Reihe von Szenen aus dem Bauernleben. Als

Lebensgeschichte des Jeremias Gotthelf knüpft es zwar
diese sonst vereinzelten Bilder in ein Ganzes zusammen und gibt
denselben durch diese Anknüpfung an das Schicksal eines Haupt=
helden, einer Hauptfigur, ein fortlaufendes Interesse; zugleich
aber erhält das Buch durch seine autobiographische Form, dadurch,
daß der Held derselben seine Geschichte selbst erzählt, überall
seine innersten Empfindungen und individuellen Betrachtungen,
die ihm seine vielfachen Kollisionen mit den verschiedensten
Lebensverhältnissen abnötigen, als eigenstes Erlebtes ausspricht
und mitteilt, eine Wärme, ein Farbenfrische und Wahrheit, die
eine bloße objektive Erzählung kaum erreicht haben würde. Allein
gleichwohl geht er über die Forderung, die man an eine ganz
bescheidene Lebensgeschichte stellen kann, nicht hinaus. Diese
Geschichte drängt nicht, wie von einem eigentlichen Roman,
noch mehr freilich von einem Drama verlangt werden kann, in
Anlage und Fortgang auf einen glücklichen oder unglücklichen
Ausgang, auf eine Beglückung oder eine Katastrophe hin, als
auf ein vorgestecktes Ziel. Der Weg ist dem Verfasser wichtiger
als das Ziel. Dies ist ein Kriterium für alle seine Schriften.
Bitzius der Schriftsteller ist wie ein aufmerksamer, für alles
empfänglicher, aber sorgloser Reisender. Der Weg ist so schön,
so merkwürdig, so tausenderlei Dinge sind zu sehen, wahrzunehmen,
aufzuzeichnen, so viele Blumen zu pflücken, daß er gar nicht
daran denkt, wo er am Abend einkehren, nicht einmal, wo er
Mittag machen werde. Er wandert fort, er weiß nicht, wie weit.
Es wird Abend, der Tag ist plötzlich zu Ende. Er muß gerade da
bleiben, wo die Nacht einbricht. Gleichviel! der Tag war so schön,
so reich. Jeremias Gotthelf hätte sein Leben noch weiter erzählen
können. Wir hätten ihm mit Interesse zugehört. Wir müssen es
ihm Dank wissen, daß er uns so viel erzählt, daß er so weit
mit uns gewandert ist.

Groß ist die Kunst und dichterische Erfindungsgabe, mit welcher
ganz zwanglos die verschiedensten Verhältnisse des ländlichen

Lebens mit dem Lebenslauf von Jeremias in Beziehung gebracht
werden, um sie nacheinander beleuchten zu können. Die an sich
einförmige Geschichte eines armen verwaisten Bauernknaben,
die ohne romantische Episoden und wunderbare Schicksale dem
Leben so nahe bleibt, daß es uns vorkommt, wir müßten schon
manchen solchen Jeremias in der Wirklichkeit angetroffen haben,
erweitert sich unter der phantasiereichen Hand des Verfassers zu
einem Panorama des Lebens auf dem Lande, zu einem wahren,
großen Spiegel, in welchem der ganze Mensch, wie er in diesen
Lebenskreisen ist, denkt, empfindet und handelt, sich abspiegelt,
das ganze Leben dieser Sphäre in helles Licht gesetzt wird.

Das poetische Interesse des Buches knüpft sich an den Charakter
Gotthelfs, dessen gute, kerngesunde Natur gegen die schlimmen
Seiten der Welt, die hintereinander ihn bedrängen und be=
stürmen, kraftvoll und erfolgreich reagiert und aus dem Kampf
als Sieger hervorgeht. Der Name Jeremias bezeichnet
vortrefflich das Charakterbild des Helden. Er ist ein Klagender,
Gedrückter, mühselig Ringender, ein über das Böse dieser Welt,
das ihn so vielfach in Mitleidenschaft zieht, Trauernder und
Zürnender, aber er geht unversehrt mitten hindurch, und der
Geschlechtsname Gotthelf deutet sinnbildlich an, daß er sich
mit Gottes Hilfe und auf Gott vertrauend, freilich die eigene
Kraft anstrengend, durchschlagen und nicht unterliegen werde.
Dieser Charakter Gotthelfs bildet die Lichtseite des Buches,
welches nach des Verfassers ausdrücklicher Absicht im ganzen
mehr die Schattenseite des Bauernlebens zeigen sollte, und der=
selbe söhnt uns in seiner Kräftigkeit und Naturwüchsigkeit mit
vielem Schlimmen aus, welches das Buch uns offen darlegt,
und läßt uns zum Volksgeist Vertrauen fassen, welcher noch so
viel Gesundheit und Ursprünglichkeit erzeugt und dem Schlimmen
entgegensetzen kann.

Der „Bauernspiegel", dessen Verfasser nicht lange sein In=
kognito bewahren konnte, sobald auch nur einige Freunde in

das Geheimnis der Autorschaft eingeweiht waren, machte wie
billig bedeutendes Aufsehen und wurde als ein literarisches
Ereignis betrachtet. Doch war anfangs des Tadels fast mehr
als des Lobes. Zwar konnte sich das öffentliche Urteil keinen
Augenblick darüber täuschen, daß das Buch ein wahres Original=
werk sei, eine ganz neue Schöpfung, daß ein ganz ungemeines
Talent der Darstellung sich in demselben offenbare, daß ein seltener
Reichtum von Beobachtung und Kenntnis der Einzelheiten des
Lebens mit einem großen sicheren Blick in die Tiefen des Men=
schenherzens Hand in Hand gehe. Die scheinbar am weitsten
auseinandergehenden Eigenschaften, Weichheit und Derbheit,
lagen in diesem merkwürdigen Buche überall nebeneinander.
Es war da eine Tiefe und Wahrheit der Empfindung, ohne welche
es keinen großen Schriftsteller gibt, ein hoher Sinn für die großen
Naturerscheinungen wie für das Freudige und Traurige, für
das Liebliche und Ergreifende im Menschenleben und dann
wieder eine Schärfe der Zeichnung, eine Derbheit und Rücksichts=
losigkeit, da wo es galt, große Gebrechen und schlimme Zustände
durch recht grelle Züge anschaulich und fühlbar zu machen, daß
man eine Meisterhand nicht verkennen konnte und die neue Er=
scheinung als eine höchst bedeutende begrüßen mußte. Aber in
vieles, was man im Buche fand, woran der Verfasser gerade
festhielt, und worauf er großen Wert legte, konnte sich ein Teil
der Lesenden, besonders des städtischen, die ländlichen Verhältnisse
nur aus der Ferne kennenden Publikums nicht schicken. Man fand,
das ganze Buch sei ein eigentliches Nachtstück; eine zu grell ins
Schwarze malende Farbe herrsche darin vor. Man warf ihm vor,
daß es nur Wunden und Schäden bloßlege, ohne die Heilmittel
zu zeigen; daß es wegen dieses einseitigen Hanges zum Pessi=
mismus der bezweckten Belehrung verlustig gehen würde und
nur erbittern müsse; daß namentlich auch das christliche Element
als ein Tröstendes und Heilendes zu wenig hervortrete, ihm zu
wenig Einfluß auf die Entwicklung der Geschichte Gotthelfs

vergönnt sei; endlich wurde rügend bemerkt, es sei viel Böses zu nackt und unverhüllt dargestellt, und die zu treue Schilderung gewisser Dinge, wie zum Beispiel des Kiltgangs, könne eher reizend als abschreckend und warnend wirken. In einzelnen Partien, besonders der zweiten Hälfte des Buches, wie zum Beispiel in der Erzählung vom fremden Militärdienst und in der Schilderung des Treibens ländlicher Sektierer, wollte man Übertreibung und bloße Satire finden. Das Buch wurde, besonders vom Standpunkt kirchlicher Kritik aus, als eine Speise angesehen, die nur für die allerkräftigsten Mägen verdaulich sei, schwächeren Naturen aber schädlich werden könne.

Bitzius hatte zwar schon in der ganz kurzen Vorrede die meisten dieser Vorwürfe antizipiert und sich darüber erklärt. Er hatte gesagt, sein Spiegel zeige nur die Schattseite, nicht die Sonnenseite des Bauernlebens, und zwar nicht zum Spott, sondern zur Weisheit, da man diese Schatten kennen müsse, um sie tilgen und verwischen zu können, und der Zeiten Ruf, weiser und besser zu werden, in alle Hütten bringe. Er hatte ferner bemerkt, daß, da er ein Schattenbild habe geben wollen, auch der Widerschein, den andere Stände auf das Leben des Landmanns werfen, als ein dasselbe trübender und verwirrender erscheinen müsse, da eine Mitschuld auch diese Stände treffe. Endlich hatte er ausdrücklich für schwächere Naturen beigefügt: „Sollte einer zarten Seele dies Buch zur Hand kommen, so wird sie Gänsehaut bekommen ob seiner Derbheit; warte nur, liebe Seele, v i e l l e i c h t k o m m e i c h a u c h e i n m a l e x p r e ß f ü r d i c h i n z a r t e r Z ä r t l i c h k e i t; d i e s e s i s t a b e r a u c h n i c h t f ü r d i c h ge= s c h r i e b e n; d a r u m l e g e e s w e g."

Bitzius fand es jedoch für nötig, auch nach der Erscheinung des Buches der Kritik direkt zu antworten, da dieselbe im übrigen eine ganz wohlwollende und überzeugte war. Diese Antwort bestand in einem Gleichnis aus der Landwirtschaft. „Jeremias Gotthelf", sagt er, „sah wilde Äcker pflügen, hacken, besäen; sie

sahen einen Augenblick recht schön und glatt aus. Das Erforder=
liche schien in einer Operation abgetan, aber die alte Wilde war
nur bedeckt, war bald wieder da, und für edlere Pflanzen ward
der Acker nie tauglich. Da sah er einmal im August schon über
einen wilden Acker einen Schälpflug gehen. Der ging wie
zum Spiel über den Acker, hieb nur über den Boden den Wasen
ab, kehrte ihn um und alle wüsten Wurzeln aufwärts gen Himmel.
Dann ging der Pflüger heim und ließ den Acker liegen. Viele,
die vorübergingen, ärgerten sich über den wüsten Anblick der auf=
gedeckten, aufwärts starrenden Wurzeln, die durch Herbst und
Winter unbedeckt liegen blieben, während rings die anderen
Acker so schön grün und glatt wieder waren. Aber im Frühjahr
kam der Pflüger wieder mit einem anderen Pfluge, riß das
Erdreich von neuem auf und begann dann zu pflanzen. Die auf=
gedeckt gebliebenen Wurzeln vermochten Hitze und Kälte nicht
zu ertragen, erstarben allmählich, und nachdem der Pflüger diese
Operation mehrere Male auf ähnliche Weise wiederholt hatte,
da ward sein Acker gezähmt und fähig, die edelsten Pflanzen zu
tragen in seinem geläuterten Erdreich.

Der Verfasser wunderte sich oft, warum so viele Volks= und
andere Bücher so wenig nützen. Er verglich sie mit jener Er=
fahrung und glaubte darin wenigstens einen Schlüssel zu dem
Rätsel gefunden zu haben.

Er kannte ein Buch, betitelt „Die Welt in einer Nuß". Solcher
Art sind so viele Volksbücher; sie wollen alles enthalten, alles
auf einmal machen, und am Ende vom Liede wird das tausend=
jährige Reich nicht nur verheißen, sondern wirklich vorgestellt
oder an dessen Stelle durch einige Taschenspielerkünste ein schönes,
befriedigendes Ende herbeigehert. Der Leser liest, wird sehr
erbaut, legt das Buch befriedigt aus den Händen; denn da ist ja
alles abgemacht und weiter nichts mehr zu tun.

Darum hat Jeremias Gotthelf nur den Schälpflug gehen
lassen durch einen Teil des Volkslebens, hat die wilden

Wurzeln aufwärts gekehrt und nicht wieder zugedeckt. Sie liegen
da zur Beschauung, und diese Beschauung befriedigt allerdings
nicht; aber eben deswegen weckt sie zum Nachdenken, gibt die
Überzeugung, daß diese verdorren müssen, ehe es besser kommen
kann, daß da eine längere Arbeit nötig ist, als man gewöhn=
lich wähnt. Dies der Grund, warum der Verfasser sein Buch
also schrieb. Er weiß wohl, daß seine Arbeit nicht
einzig bleiben darf, daß sie nur eine Vorarbeit
ist. — Ob er selbst einst mit einem anderen Pfluge noch
kommen kann, weiß Gott; aber das weiß er, daß Tüchtigere die
Hand an den Pflug legen werden zu diesem Werke. Er wußte,
daß es Mut brauche, so zu schreiben; aber er vertraute auf die
gutmütige Ehrlichkeit des Berner Volkes, das gutmütig auf=
nimmt, was gutmütig gegeben wird. In diesem Glauben hat er
sich auch nicht getäuscht.

Ob nun aber dieser Gang ein christlicher sei? Das will der
Verfasser nicht erörtern. Er hätte zwar Lust, gerade aus der
Bibel, auf die er hingewiesen wird, und ganz besonders aus
den Evangelien und den Episteln es zu beweisen.

Daß er leichtfertig über Sündigende und namentlich über den
Kiltgang geschrieben, muß denn doch ein Irrtum des verehr=
ten Rezensenten sein, der nicht beachtet hat, auf welche Weise
selbst die unschuldigste Art des Kiltgangs in Annelis Tod sich
gerächt hat.

Der Verfasser glaubte es seinem wohlmeinenden Rezensenten,
der ihn in anderen Dingen überschätzt hat, schuldig zu sein, zu
erklären, warum er absichtlich gegen allgemeine ästhetische Regeln
gesündigt hat. Möglich, daß er sich geirrt. Die Zeit wird es lehren.
Bis dahin noch glaubt derselbe in der Aufnahme, die sein Buch
im Kanton Bern gefunden hat, eine Bestätigung seiner Ansicht
zu finden." —

So rechtfertigte Bitzius seinen „Bauernspiegel" gegen die
Kritik und verstand nicht sich dazu, der letzteren Konzessionen zu

machen, auf der Ansicht beharrend, daß größere Glätte und
Politur der Wahrheit seines Buches Eintrag tun würde. Später
noch, in der Vorrede zur zweiten Ausgabe, spottete er der Ängst=
lichkeit seiner Freunde, die für ihn wegen der rücksichtslosen und
derben Sprache des Buches in Furcht gewesen seien, und sagte
rundheraus, wenn er schon keine politische Person sei, so habe
er das Recht, gleichwohl sein Ländchen zu lieben. Diese Liebe
sei es, welche ihn stark gemacht; ein Schwacher hätte
den „Bauernspiegel" nicht geschrieben. Dieses ist ganz
wahr. Die ungewohnte Freimütigkeit und das Charaktervolle,
das aus dem Buche sprach, sicherten demselben neben dem
poetischen Wert seinen Erfolg, und es wird immer ein in seiner
Art klassisches Buch bleiben.

Wir möchten den „Bauernspiegel", wenn solche Vergleichungen
ganz heterogener Werke überhaupt angingen und nicht immer
als sehr gewagt erschienen, in gewissen Beziehungen mit dem
Gil Blas von Le Sage vergleichen. Beide Bücher sind
wahre Spiegel der Welt, nur verschiedene Stücke derselben. In
Gil Blas wird die sogenannte große Welt, zwar mit der Physio=
gnomie und Farbe der Zeit, aber so, wie sie stets ist und sein wird,
mit allen ihren Irrgängen, Leidenschaften, Miseren und Nichts=
würdigkeiten, geradeso scharf oder vielmehr noch schärfer und
schonungsloser geschildert als im „Bauernspiegel" die Welt des
Landvolkes. Der Franzose geißelt alle Stände und Lebensberufe,
vom Minister bis zum Eseltreiber, vorzüglich aber die städtische
Gesellschaft. Die vornehme und die bürgerliche Welt, die großen
Herren und Damen, die Geistlichen, die Ärzte, die Gerichts=
und Polizeileute, die Schauspieler, Bedienten, Gewerbsleute usw.
werden mit unerbittlicher Lauge übergossen. Die Schattenseite
der Dinge herrscht überall vor. Man glaubt sich in einer wahren
Spitzbubenwelt herumzutreiben. Von edlen Charakteren, die
uns mit diesem starken Schattengemälde aussöhnten, ist keine
Rede. Und doch ist dies Buch ein klassisches geblieben, unüber=

troffen in seiner Weise, geschätzt von allen, welche Weltkenntnis
suchen, weil es eben ein Spiegel ist, in welchem wir die Welt,
wenn auch zuweilen etwas grell gemalt, wiederfinden. Es ist
freilich die Welt, wie sie dem nüchternen Blick des Weltmannes
erscheint, Illusionen eher zerstörend als weckend, ohne ver=
schönernden Schleier, eigennützig, schlimmgeartet, für den Un=
erfahrenen gefährlich, eine Welt, mit welcher man in unablässigem
Kampf steht, vor welcher man sich stets vorsehen muß, und wo
man seinen Platz nur durch Anstelligkeit und Zuversicht zu sich
selbst zu behaupten imstande ist, und auch so noch des guten Glückes
bedarf. Gil Blas (wie Don Quichotte) ist ein wahrer Herren=
spiegel für seine Zeit und mutatis mutandis für alle Zeiten,
wie Jeremias Gotthelf ein Bauernspiegel unserer Zeit mit
stark lokaler Färbung. Aber des deutschen Schweizers Buch ist
ganz anders ernst und warm, wie es der Volksgeist, die Zeit
und sein eigener Sinn mit sich bringen. Der Verfasser des Gil
Blas, vom Standpunkt des kühlen, französischen Weltmannes
aus, nimmt die Dinge nicht allzu schwer, findet es natürlich, daß
die Welt so schlimm sei, wie er sie schildert, während der „Bauern=
spiegel“ überall einen tiefen Schmerz, trauernden Ernst und
Zorn über das viele Böse an den Tag legt und ausdrücklich nur
deswegen „die wilden Wurzeln aufwärts kehren möchte“, damit
der Acker nachher um so besser für guten Samen tauge. Beide
Bücher scheinen pessimistisch und satirisch, und doch wird weder
das eine noch das andere einen geistig gesunden Leser gegen die
Welt verbittern oder zum Hypochondristen machen. Vielmehr
sind es gerade solche Schriften, welche, indem sie die Dinge dieser
Welt von manchem erborgten Schimmer und allerlei unwahren
illusorischen Vorstellungen entkleiden, den reifen, bereits urteils=
fähigen Leser (nicht allzu schwache Seelen) anspornen, auch aus
dieser realen, für Berührung rauhen und stachlichten Welt das
möglichst Gute zu ziehen und alle seine Kräfte zu gebrauchen,
um auf dem gefährlichen Meere das Steuer nicht zu verlieren.

Noch ehe der „Bauernspiegel" herausgekommen war, wurde
Bitzius von einem Familienunglück betroffen, das ihn tief er=
schütterte. Seine Mutter, bereits in hohem Alter, starb im
Sommer 1836. Sie hatte mit ihrer Stieftochter Marie Bitzius,
der bereits erwähnten älteren Schwester von Bitzius, jeden
Sommer im Pfarrhaus zu Lützelflüh zugebracht, und im Hause
ihres Sohnes ereilte sie der Tod, welchen das stets heitere und
freundliche Wesen der liebevollen Frau die Ihrigen als unersetz=
liche Lücke empfinden ließ. Sie hatte den „Bauernspiegel" nicht
erlebt, und sie hätte das Buch, wenn sie es gelesen haben würde,
wohl nicht ohne Besorgnis wegen der allzu großen Keckheit des
Sohnes im Tadeln und im Darstellen aus der Hand gelegt. Ihr
Grab ist auf dem Kirchhof zu Lützelflüh, da, wo nach achtzehn
Jahren eines unermüdeten treuen Tagewerkes auch ihr lieber
Sohn in die Gruft gesenkt werden sollte. Bitzius war von nun
an durch eine geheiligte Erinnerung mehr an Lützelflüh gefesselt.
Die stillen Höhen, welche auf die Grabstätte seiner Mutter nieder=
sehen, hätte er nur mit wundem Herzen verlassen, und es gehört
auch dies zu dem einfach ruhigen, wir möchten sagen: idyllischen
Verlauf seines äußeren Lebens, daß er bis an seinen Tod da
bleiben konnte, wo die Hülle seiner Mutter ruhte, und daß beide
im gleichen ländlichen Kirchhof schlummern.

Auf dieses Leid folgte im Hause bald eine Freude. Im Mai 1837
wurde Bitzius ein zweites Mädchen geboren, welches den Namen
Cecilia erhielt (die ältere Schwester heißt Henriette) und das
jüngste Familienglied im Pfarrhause zu Lützelflüh geblieben ist,
da keine jüngeren Geschwister nachfolgten.

Bald darauf, am 13. August 1837, wurde das Emmental,
besonders das obere, von jenem furchtbaren Gewitter heimgesucht,
welches uns Bitzius in seiner „Wassernot im Emmental" mit der
ergreifenden Naturwahrheit und zugleich mit einer Macht und
einem Reichtum der Phantasie geschildert hat, die einem deutschen
Gelehrten, der als großer Physiker einer der kompetentesten

Urteiler war, den Ausruf entlockt haben sollen, so wahr und zu=
gleich so gewaltig sei noch kein Gewitter beschrieben worden!
Von dieser Seite, als Beschreibung und Darstellung eines
großen Naturereignisses, ist das kleine Büchlein „Die Wassernot",
welches im Jahr 1838 herauskam, eines der merkwürdigsten und
meisterhaftesten Produkte des Verfassers geblieben. Man kann es
nicht ohne Schauern lesen, und alle diejenigen, welche selbst gleich
nach dem Ereignis die Hauptschauplätze der Verwüstung besucht
(und deren waren Tausende), müssen über die Präzision in der
Schilderung, über die lokale Wahrheit erstaunen, die in Bitzius'
Erzählung bis ins kleinste Detail vorwaltet. Das Büchlein hat
aber noch andere bemerkenswerte Seiten. Bitzius machte bei
dieser Gelegenheit, da er auch zu den Ratenden und Helfenden
gehörte, da auch die Uferbewohner seiner Gemeinde Schaden
litten und er überhaupt vieles persönlich sah oder sonst in Er=
fahrung brachte, was dabei vorging, Erfahrungen von mancherlei
Art, aber auch sehr betrübende. Er sah die Selbstsucht, den un=
erhörten Eigennutz und die Herzlosigkeit der Menschen, die das
Unglück anderer ausbeuteten, eine Art Strandrecht geltend
machten oder habgierig bei kleinem Schaden sich an die Steuern
drängten, welche vor allem dem großen Schaden, der tiefen
Not der Ärmeren galten. Diese Erfahrungen wollte er nach seiner
Weise, damit aus der Wahrheit Besserung komme, der Welt
nicht vorenthalten. Er legte sie in seinem Büchlein nieder, und
„Die Wassernot" enthält in dieser Beziehung einen Schatz von
Menschenkenntnis zur Belehrung und Rüge. Zugleich aber weht
in der kleinen Schrift jener religiöse Sinn, welcher die großen
Naturereignisse als providentielle Schickungen deutet, die den
Menschen ernst und bescheiden machen sollen, ohne deshalb seine
Kraft zu lähmen und ihn zum müßigen Fatalisten zu machen.
Es wird, wie das Vorwort so schön erinnert, jene Gottesfurcht
gepredigt und an dem Ereignis gleichsam entzündet, für welche
„die ganze Natur eine Gleichnisrede ist, die der Christ zu deuten

habe", eine ungeschriebene Offenbarung, die täglich zu uns
spreche „in Sonnenschein und Sturm" und, wenn wir auf sie
merken, nicht minder zu Gott führe als das geschriebene Wort,
die im Sichtbaren das Unsichtbare enthalte und auch im Ge=
wohnten und Alltäglichen ein Höheres und Bedeutendes er=
scheinen lasse. „Das Ereignis", setzt Bitzius bescheiden hinzu,
„war so groß, daß der Mensch umsonst seine Kraft anstrengt,
es würdig darzustellen, daß er ein Tor sein müßte, wenn er in
seiner Beschränktheit ausschmücken wollte, was der Herr mit
flammenden Blitzen ins Gedächtnis geschrieben den Bewohnern
des Emmentals."

„Die Wassernot" ist ein Büchlein voll einfacher Größe, in
welchem Bitzius, wie jene alttestamentlichen Männer, seinem
Volke „die Predigt des Herrn deutet auf seine Weise, in der
Liebe, auf daß es Weisheit ins Herz bringe".

Aber Bitzius' Feder, die von nun an nicht mehr rasten sollte,
hatte gleichzeitig mit der „Wassernot" ein weit größeres Werk
unternommen, das in verhältnismäßig kurzer Zeit vollendet
wurde. In Jahr 1838 kam von dem Buch, betitelt „Leiden und
Freuden eines Schulmeisters", von Jeremias Gotthelf, der erste
Band heraus. Der zweite erschien im Jahre 1839. Dies Werk
war das erste von jenen größeren, reichhaltigen, breit und tief
angelegten Einzelgedichten, möchten wir sagen, welche, jedes für
sich, ein großes wichtiges Verhältnis im Staat oder in der Gesell=
schaft auf erschöpfende Weise darstellen und gleichsam die Laterne
des Diagones in dessen dunkle, verborgene Seiten leuchten lassen
sollten. Hier war es, wie der Titel sagt, das Primarschul=
wesen, welches mit der eindringenden Sonde des Beobachters,
des Psychologen, des genauen Kenners der bestehenden tat=
sächlichen Zustände zu untersuchen war. Wir müssen hier zum
Verständnis der ferner Stehenden etwas ins Historische eingehen.

Der Zustand der Volksschule, namentlich der Volksschule vor
der politischen Reform des Kantons Bern im Jahr 1830, war

64

schon im „Bauernspiegel" ganz plastisch und dramatisch, aber
kurz und knapp, wie der Zweck des Buches es mit sich brachte,
beregt und angedeutet und durch ein paar grelle Schlaglichter
beleuchtet worden. Dies war nun weiter auszuführen, und zu=
gleich waren die Schicksale und wechselvollen Erlebnisse des Schul=
wesens seit der Neuzeit und dem Neubau desselben, den diese
Neuzeit anbahnte, in den Kreis der Darstellung zu ziehen. Diese
letztere Seite des Buches ist eine sehr wichtige, und wir haben
keine bessere, lebendigere und plastischere Geschichte und Bericht=
erstattung über das bernische Primarschulwesen jener Jahre,
als in den „Leiden und Freuden eines Schulmeisters" enthalten
ist. Die Einkleidung ist die nämliche wie im „Bauernspiegel".
Ein armer Schulmeister erzählt seine Lebensgeschichte und be=
richtet vorerst von seiner völlig verwahrlosten Erziehung, wie er
aus einem armen Weberjungen zum Schulmeister geworden.
Er erzählt die Zufälligkeiten und Schwankungen seines früheren
Lebens, dann seinen Kampf mit bitterer Not, seine Hoffnungen,
Enttäuschungen und Leiden. Die außerordentlichen Schwierig=
keiten, die der durchgreifenden Reform eines so sehr durch positive
und bestehende Verhältnisse bedingten Verwaltungszweiges, wie
es das Volksschulwesen ist, entgegenstehen, werden uns hier an
dem Lebenslauf eines einzelnen Mannes anschaulich gemacht,
welcher, mitten in diese Krisen und Gärungen einer reform=
bedürftigen Zeit mit seiner ärmlichen, sich kaum über dem Wasser
haltenden Existenz hineingeworfen, nahe daran ist, in diesen
Stößen und Rückstößen unterzugehen. Das höhere Schulwesen
des Kantons war schon lange vor 1830 auf liberale Weise gepflegt
und mit Sorgfalt entwickelt worden. Im Primarschulwesen hatte
zwar die äußere Reform hier und da mit dem Bau neuer Schul=
häuser begonnen, sonst aber war da fast noch alles zu tun übrig.
Die Reformbestrebungen aber bewegten sich zwischen zwei
Klippen, indem sie auf der einen Seite die Gefahr liefen, durch
zu energisches Durchgreifen, wie zum Beispiel durch unerbittliche

Entfernung aller den neuen Forderungen nicht gewachsenen Primarlehrer, gegen viele ungerecht und hart zu werden, auf der anderen Seite die andere Gefahr, durch zu große Nachsicht und Schonung bestehender Verhältnisse den Zweck der Reform entweder gar nicht oder nicht in dem gehofften Umfang zu erreichen und das Resultat derselben zu verkümmern. Alle diese Versuche, Bewegungen und Phasen der Schulreform schildert Bitzius vortrefflich. Sein Buch, welches, wie der „Bauernspiegel“, ursprünglich einzig auf den Kanton Bern berechnet war und sich mithin, wie jener, ein engeres patriotisches Ziel gesteckt hatte, sollte durch die Eindringlichkeit und die ins kleinste Detail gehende Sorgfalt dieser Schilderung durch die Beleuchtung der Notzustände des Schullehrerstandes überhaupt, die Reformer ermahnen, ja nicht stillezustehen und mit dem bereits Erreichten sich zu begnügen, sondern sich mit unausgesetztem Ernst der weiteren Durchführung des Besseren hinzugeben. Dieser Zweck des Buches springt überall hervor, und nur arger Mißverstand konnte anderes darin finden wollen. Das öffentliche Urteil täuschte sich auch gar nicht darüber. Ein späterer deutscher Rezensent in den „Berlinischen Nachrichten“ sagt daher mit Recht: „Leset den Schulmeister, und wenn ihr dabei nicht mit Erbarmen erfüllt werdet ob dem unsäglichen Leid des Lehrers, der früh bis spät mit über hundert ungezogenen Landbuben und Mädels sich plagt, dann Nächte durch am Webstuhl arbeitet und doch nicht der säugenden Mutter und den halbnackten Kindern genug Schwarzbrot, den Hunger zu stillen, zu erarbeiten vermag, und der den eigenen Hunger vergißt ob dem peinigenden Harm des Anblickes seiner hinwelkenden Lieben, ja, dann seid ihr freilich viel beklagenswerter noch als jener unter den gesellschaftlichen Mißverhältnissen fast erliegende, da euer Herz dann härter als Stein sein müßte.“

Bitzius stellt die Armseligkeit des Schullehrerstandes jener Zeit, die Not desselben in ihrer ganzen realen Größe dar; er

66

verschweigt und verkleinert nichts, er bringt nichts hinzu, um das
Bild, gegen das Zeugnis der Wirklichkeit, weniger düster zu
machen. Er zeigt unter anderen Dingen, wie der Eigennutz des
Staates und der Gemeinden, welcher den Dorfschulmeister fast
nur zu einem verachteten Steuern= und Almosenempfänger
machte, sich durch den daraus entspringenden Eigennutz der Schul=
meister rächte, welche ein Interesse dabei fanden, die Bauern=
kinder und Bauern selbst möglichst unwissend zu erhalten, damit
sie ihnen, den Schulmeistern, als den einzigen Clericis, den einzigen
Verwaltern des Wissens (und welches Wissens!) einer Dorf=
gemeinde, zinsbar und ganz von ihnen abhängig blieben. Aber
indem der Verfasser hier wie im „Bauernspiegel" die ganze
Wunde aufdeckt, hütet er sich gleichzeitig wohl, bei dem durch
die neue Zeit und deren Verheißungen gewaltig aufgeregten
Lehrerstande ungemessene Erwartungen und Hoffnungen zu
erwecken. Er warnt überall nachdrücklich vor der Illusion, daß
das Gute und Bessere in der Welt einzig vom Staate aus, durch
Gesetze und Zusicherungen von oben herab, ohne unser eigenes
Zutun, ohne eigene Anstrengung und mutigen Kampf geschaffen
werden könne. Er lehrt die Gedrückten Maß halten im Erwarten
und Hoffen, damit sie auch Maß halten könnten im Verzagen
und Verzweifeln. Nach seiner Weise will er nicht verwöhnen,
die Leute nicht bequem und faul machen, ihnen nicht schmeicheln,
nicht nach dem Mund reden, nicht Wünschen Raum geben und
sanguinische Erwartungen wecken, die nie verwirklicht werden
könnten. Hätte Bitzius sich durch sein Buch nur bei den Lehrern
und Schulfreunden populär machen wollen, hätte er es darauf
angelegt, die Erwartungen von der Reform des Schulwesens so
hoch als möglich zu spannen, er hätte mit der ihm eigenen Gewalt
der Darstellung eine ungeheure Aufregung in dieser Richtung
bewirken können, aber dann hätte sein Buch nur dem Augenblick
gedient und wäre bald wie andere Agitations= und Parteierzeug=
nisse ohne Nachhall verschollen. Bitzius hatte einen höheren Ehr=

geiz. Er bleibt nüchtern, lakonisch und sparsam im Rühmen und im Verheißen, er geht aufs Innere los, er will jeden Nerv des Menschen zur Verbesserung seines Zustandes selbst angespannt wissen. Daher ist das Ende „der Leiden und Freuden eines Schulmeisters" nichts weniger als romantisch oder nach Art gewöhnlicher Romane „beseligend und enthüllend", indem das Buch mit der zwar erfreulichen, aber prosaischen, gar nicht hoch= fliegenden Wendung schließt, daß der arme Käser die Staats= zulage von 150 Schweizer Franken (100 Gulden) ohne Bedingung erhält und so von der drückendsten Not und dem bittersten Mangel befreit wird und wieder aufatmen kann.

Diese Nüchternheit und Mäßigkeit des Buches mochte ein Grund sein, warum dasselbe viele, namentlich aus dem Schul= lehrerstande, nicht befriedigte. Manche mögen ihre Erwartungen getäuscht gesehen haben, indem sie keine Befürwortung höher gesteigerter Ansprüche darin fanden; einige, noch oberflächlicher urteilend, fanden Spott und Satire gegen den Schullehrerberuf da, wo die ernste Teilnahme an dessen Wohl und besserer Zukunft vorhanden war und aus jeder Zeile sprach. Das Buch hatte von vornherein Mühe gehabt, unter Dach zu kommen und einen Verleger zu finden. Mehrere schweizerische Verlagshandlungen lehnten den Druck des Werkes aus ängstlichen, kleinlichen Rück= sichten ab, besonders wegen einzelner freimütiger Urteile über große Autoritäten im Erziehungsfach, deren Gunst man nicht verscherzen wollte, bis endlich eine (radikale) Buchhandlung in Bern, die sich dadurch ein wirkliches Verdienst um das Land erwarb, die Herausgabe übernahm. Bitzius sagt in einem Brief an einen Freund in Bern: „daß überhaupt der ‚Schulmeister‘ kälter aufgenommen wird als der ‚Bauernspiegel‘, obgleich er höher steht, glaube ich. Das Leben, das in beiden ge= schildert wird, ist ein ähnliches und im ‚Schulmeister‘ ein fast ereignisloses, und eine Menge darin enthaltener Vorfälle haben nur für den Schulmann Reiz. Zudem war übrigens das ganze

Leben nicht mehr neu, der ‚Bauernspiegel‘ hingegen eine ganz neue Erscheinung.“

Doch wurde das Buch von der großen Mehrzahl der Leser, von allen einsichtsvollen Schulmännern und Freunden der Schulreform mit großer Teilnahme und Wärme begrüßt. In Deutschland, wo es später bekannt wurde, und wo es vielfach, selbst in Ländern wie Preußen, auf ähnliche Notzustände der Primarschullehrer stieß, wurde es mit wahrem Enthusiasmus aufgenommen und Pestalozzis „Lienhard und Gertrud“ an allgemeiner Wichtigkeit und Wirkung an die Seite gestellt. „Selbst in dem des Schulwesens wegen gepriesenen Preußen“, bemerken die „Berliner Nachrichten“ (November 1843), die allgemeine Beziehung des Buches hervorhebend, „habe es — während Peter Käser doch noch gegen 40 Taler jährlichen Gehalts gehabt, womit er Frau und Kinder vor dem Verhungern schützen sollte, — vor wenigen Jahren noch 1180 Volksschullehrerstellen mit weniger als 20 Taler und 5104 Stellen mit 20 bis 60 Taler jährlichem Gehalt gegeben, wenn solches Almosen Gehalt zu nennen sei.“ —

Durch den „Schulmeister“ wurde Bitzius erst recht in Deutschland bekannt, namentlich im protestantischen Norden. Im Süden bahnte schon die größere Wahlverwandtschaft der beiden Volkssprachen das leichtere Verständnis an.

Man hat dem Buch in betreff des Charakters des Peter Käser den nicht unbegründeten Vorwurf gemacht, derselbe enthalte Ungleichheiten und Widersprüche, indem er einerseits ein Weiser sei, wie wenige auf Lehrstühlen und Kanzeln stehen, während er andererseits an Vorurteilen und Schwächen kleben bleibe, deren Vorhandensein durch den Grad seiner in der Leidens- und Freudenschule des Lebens erworbenen Erkenntnis fast unwahrscheinlich werde. „Wer“, so fährt derselbe bernische Rezensent fort, „ein so tiefes und richtiges Gefühl hat wie Peter Käser, wen der Geist so mächtig zum eigenen Denken antreibt, wer so über Liebe schreiben kann, wer so richtig wie dieser Schulmeister seine Umgebungen auffaßt und sie mit den Fühlhörnern eines angeborenen psychologischen (seelenkennerischen) Talents bis in die geheimsten Schlupfwinkel des Herzens verfolgt, — dem werden ,die Haare nicht mehr zu Berge stehen,‘ wenn er vom Pfarrer vernimmt, daß es besser sei, die Kinder lernen daheim auswendig als in der Schule.“

Es ist wahr, Käser spricht oft über seinen Verstand, über die beschränkte Geistessphäre eines so erzogenen, so gedrückten Schulmeisters hinaus; er ist nicht immer der gleiche, er ist oft voll Weisheit und überlegener Einsicht und dann wieder voll Kurzsichtigkeit und Beschränktheit. Bitzius hat das selbst gefühlt, und er hat den deshalb zu erwartenden Tadel durch die beiläufige Anmerkung des Umstandes einigermaßen abzuwenden gesucht, daß Käser sein Manuskript dem Freund Wehrdi, dem gebildeteren Jägersmann, zum Überarbeiten nach Hause gibt und dieser die Blätter auch dem Pfarrer zeigt, so daß es scheinen kann, das, was über Käsers Einsicht in dem Buch gesprochen sei, könne durch die Umarbeitung und Feile dieser Personen hineingekommen sein. Doch wir brauchen in diesem Punkt nicht so ängstlich zu sein; wir können ganz gut zugeben, daß Käsers Charakter, künstlerisch oder ästhetisch betrachtet, kein stetig gehaltener sei, was übrigens auch von Jeremias Gotthelf im „Bauernspiegel“ gilt, indem auch dieser über seinen Gesichtskreis hinaus und aus der höheren Einsicht des Schriftstellers heraus spricht. Dieser künstlerische (und n u r künstlerische) Mangel läßt sich bei einer solchen autobiographischen Form, wie die für diese beiden Bücher gewählte ist, nicht leicht vermeiden. Der Schriftsteller, der diese Form bloß als Einkleidung benutzt, den es drängt, wichtige Dinge zu sagen, wird öfter durch die Maske seines Helden hindurchbrechen und über dem ihm weitaus wichtigeren Zweck das künstlerische Mittel vergessen. Er zieht seine Verkleidung aus und steht dann in eigener Person vor uns. Dennoch ist Käser, diese ästhetische Ausstellung auch zugegeben, da, wo er nicht Philosoph ist und seine natürliche

70

Sphäre nicht überschreitet, eine Figur von solcher Naturtreue, von so rührender Wirklichkeit, daß wir an seinem ganzen Dasein, an seinem so naiv erzählten Lebenslauf den innigsten Anteil nehmen und seinen wechselnden Schicksalen mit Spannung folgen. Diesen tiefen Anteil des Lesers bestätigt auf eine rührende Weise jene freundliche Tatsache, deren Richtigkeit uns verbürgt worden ist, daß nämlich ein katholischer Geistlicher aus einem der schweizerischen Urkantone, der die Erzählung Käsers für eine wahre Lebensgeschichte eines wirklichen Individuums hielt, einen kleinen Geldbetrag zur Unterstützung desselben mit der Adresse „Peter Käser zu Gytiwyl im Kanton Bern" auf die Post gab. Der Brief blieb eine Zeitlang in Bern liegen, bis Bitzius, davon benachrichtigt, denselben als zu seinen Händen gehörend reklamierte und den Betrag sofort zu einem gemeinnützigen Zweck deponierte und verwenden ließ. Dieser Zug ist ein. beredtes Zeugnis zum Ruhm des Schriftstellers, der das Leben so zu schildern und Dichtung und Wahrheit so zu vereinigen weiß.

Aber neben Käser steht eine andere Gestalt, welche über das ganze Werk einen milden Glanz verbreitet und sogleich die Herzen aller Leser erobert. Es ist Mädeli, die Frau Schulmeisterin, eines jener herrlichen Frauenbilder voll Weiblichkeit und Zartheit und innerer Schönheit, von gleichgewogenen Gemüts= und Verstandeskräften, wie Bitzius uns noch mehrere in späteren Werken geschaffen, und wie sie als wahrhaft höhere und doch der Wirklichkeit so nahe verwandte Wesen uns, wo sie erscheinen, entzücken und erheben. Sehr schön bemerkt das bereits angeführte Berliner Blatt, wie „Mädeli uns zu lebendiger Anschauung bringe, daß der Beistand gottbeseligter Frauen auch für die Schule durchaus unentbehrlich sei. Deshalb stehe Mädeli dem Schul= meister zur Seite; durch ihren Beistand reife Käser erst zum echten Schulmeister empor; sie halte ihn aufrecht und leite ihn über die ihm auferlegten Prüfungen siegend hinüber. Denn sie, heißt es ferner treffend, die bei Anwesenheit der Kinder die Schulstube

nicht betritt, viel weniger unterrichtet, wirkt dennoch als die Seele
des Ganzen, so in ihrem Hauswesen wie in der Schule, gleichsam
unabsichtlich und lediglich infolge ihres in Liebe getauchten
Gemüts. Ununterbrochen nur für Mann und Kinder tätig und
sorgend, ist nur sie wie ohne Ahnung dessen, was sie Herrliches
schafft. Die herbsten Opfer werden ihr durchaus nicht schwer;
denn, was sie auch leiste, muß sie infolge ihrer rein göttlichen
Natur leisten; sie kann und weiß es nicht anders, und so würde
sie ihrer Natur zuwiderhandeln, wenn Spuren nur von Selbstsucht sie bestimmten; ähnlich wie Desdemona eines Weibes
Untreue sich nicht als nur möglich denken kann. So auch tut
Mädeli ohngeachtet eines durchbringend klaren Verstandes nur
sich niemals genug; daher sie auch stets Gott preiset und danket
für die ihr und den Ihrigen erwiesene unverdiente Gnade, selbst
in Zeiten drückendster Not. Denn, von Herzen demütig und schuld-
frei, beneidet sie niemand, findet ihre Lage vielmehr um so glücklicher, als sie dem Willen Gottes sich unbedingt fügend weiß,
daß die von ihm auferlegten Prüfungen nur heilsam sein können.
Und dies wundersam einfach weibliche Gebilde ist nicht Dichtung,
nein! Mädeli lebt wirklich, so gewiß der Geist lebt und ewig leben
wird, der sie unmittelbar lebend erschaut und in untilgbarer
Schöne darzustellen verstand. Dem Genius ist es verliehen, „in
der Natur die höhere Natur schaffend zu gestalten".

Von Mädeli läßt sich das schöne und tiefe Wort von Salis
sagen:

   Bei Zypressen sproßten ihre Myrten;
   Weil sie viel geduldet, liebt sie viel.

Ein Deutscher, der selbst Romane geschrieben hatte, war von
„Mädeli" so entzückt, daß er anmutig sagte, er gäbe drei Kaiserinnen
und sieben Königinnen, die Prinzessinnen ungezählt, aus seinen
Romanen für diese fürstliche Schulmeisterin und für den Schulmeister ein halb Dutzend sehr schön geputzter Helden noch dazu.

Als Kuriosum mag hier noch beigefügt werden, daß, wie wir

gehört oder gelesen, eine Gräfin Schwerin mit dem Plane um=
geht, aus „Mädeli" mit Weglassung von allem, was in den „Leiden
und Freuden" sich auf das Technische des Schulwesens, auf den
praktischen Zweck des Buches bezieht, einen eigenen Roman zu
machen, in welchem die Frau Schulmeisterin als einzige Haupt=
heldin noch größer erscheinen sollte. Wir anderen möchten sie in
ihrer bisherigen Umgebung wohl vorziehen.

Auch die um die Schulmeisterfamilie herum gruppierten Neben=
figuren sind treffliche Zeichnungen und Charakterbilder. Dahin
rechnen wir besonders den alten Weber und seine mehr als
wunderliche Ehehälfte, deren letzte Pflege eine so himmlisch
schöne Seite in Mädelis Leben ist, ferner den alten Schulmeister,
Käsers Mentor, auch ein paar jüngere Kollegen, die in leichten
Umrissen vorkommen. Eine erfreuliche Erscheinung voll Kraft
und überlegener Einsicht ist der spätere Pfarrer von Gytiwyl,
der so treffliche Anleitung gibt, wie in einer Dorfschule mit Zeit
und Stoff, dem lebenden und dem toten, Haus zu halten sei,
der so frei und bewußt dasteht und seine Kenntnis der Welt und
der Menschen dem Guten nutzbar zu machen weiß. Wehrdi,
der Jägersmann, ist ein Charakter ganz besonderer Art, wie ihn
Bitzius nur in ein paar seltenen Exemplaren und offenbar stets
mit großer Vorliebe gezeichnet hat. Er ist eine durch fremde und
eigene Schuld misanthropisch gewordene, aber in ihrem moralischen
und intellektuellen Kern wie in der physischen Konstitution un=
geschwächte und unverwüstliche Natur. Er hat mit der Welt ab=
gerechnet und sein Urteil bleibt eben deswegen fest und sicher,
wird aber doch von einem natürlichen Wohlwollen für diejenigen
geleitet, denen er noch vertrauen zu können glaubt. Er ist eine
Art von genialem Kraftmensch, von rauher Außenseite und harter,
stachlichter Schale, aber trefflichem Kern. Die ganze Figur hat
etwas fremdartig Abgeschlossenes und Überlegenes, das mit des
Schulmeisters gedrücktem Dasein und unfreiem Wesen in einen
sehr poetischen Kontrast gesetzt ist.

Die „Leiden und Freuden eines Schulmeisters" werden unter
dem Ehrentitel, den ihnen ein Deutscher gab, als „wahres Er-
bauungsbuch für arme Schulmeister" unvergänglich bleiben. Das
Buch hat übrigens für des Verfassers Heimat als Geschichte des
bernischen Primarschulwesens einer bestimmten Zeit, wie wir
bereits bemerkt, bleibenden historischen Wert. Es ist ein Zeugnis
und eine Urkunde über den Primarunterricht, wie er war, und
ein pädagogischer Leitfaden für diesen Unterricht, wie er werden
sollte. Dabei ist der Reichtum allgemein menschlicher Beziehungen
in dem Buche groß. Es enthält ein Bild des Lebens, in welchem
jedermann sich bespiegeln kann. Eine große Tiefe der Empfindung,
eine stete Berufung an die sittlichen und religiösen Kräfte im
Menschen treten neben den dichterischen Eigenschaften des Werkes
mit Macht hervor, und die breitere Anlage desselben gestattet
ein freieres Ergehen und tieferes Eindringen in dieser Richtung.
Das öffentliche Urteil hat auch längst dem Buche eine vorzügliche
Stelle unter den Schriften des Verfassers angewiesen.

In den beiden nächstfolgenden kleineren Schriften, nämlich in
der Erzählung: „Wie fünf Mädchen im Branntwein jämmerlich
umkommen," die 1838, und in der anderen: „Dursli, der Branntweinsäufer oder der heilige Weihnachtsabend," die 1839 erschien,
betritt Bitzius einen neuen Boden. Er geht hier dem Laster der
Trunksucht, besonders dem Branntweintrinken, welches in einigen
Berggegenden seines Heimatkantons zu einem verheerenden
Fluche geworden war, zu Leibe. Behörden und Privaten hatten
gerade damals diesem um sich greifenden Laster die größte Aufmerksamkeit zugewendet. Sehr gute Gelegenheitsschriften waren
erschienen, unter denen wir die „Branntweinpest" von Dr. Leh-
mann nennen, vom medizinischen Standpunkt aus geschrieben,
und so wollte auch Bitzius sein Scherflein einlegen zur Bekämpfung dieses Erbfeindes nationaler Wohlfahrt. Er tat dies
in seiner Weise. Er predigte durch warnende Beispiele, die er
wahrscheinlich nicht einmal sehr weit zu holen hatte, und stellte

74

in den beiden genannten Schriften diese Branntweinpest in ihrer
ganzen Furchtbarkeit dar.

Was das erstere Büchlein: „Wie fünf Mädchen im Brannt=
wein jämmerlich umkommen", betrifft, so ist der Titel fast noch
schauriger als der Inhalt, und man könnte glauben, es sei von
einem wirklichen, nicht bloß figürlichen Ertrinken oder Ver=
brennen im Branntwein die Rede. So furchtbar ist freilich die
Sache nicht. Die Mädchen kommen bloß d u r ch den Branntwein
um. Aber des Schrecklichen bleibt freilich noch genug. Man hat
dem Büchlein den Vorwurf einer allzu grellen und nackten, bis
ins Eklige gehenden Darstellung gemacht. Auch fand man die
Wiederholung der fünf ähnlichen Lebensläufe einförmig und
von bloß lokalem Nutzen, weil das Branntweintrinken in d i e s e m
Maße bei jungen Mädchen allzu selten sei. Bitzius motiviert das
Schriftchen in zwei Zeilen auf folgende Weise. Er habe, sagt er,
über das Branntweintrinken ein Lustspiel gelesen, welches mit
einer Heirat und einem frohen Mahle schließe; er habe nun ver=
sucht, über denselben Gegenstand ein Trauerspiel zu schreiben, und
zwar habe er dasselbe nicht erfunden, sondern nur zum Druck die
Erzählung w i r k l i ch e r Begebenheiten geordnet, die er einem
Freunde verdanke. Mithin wären die fünf Lebensläufe wahre
Geschichten, die leider, nach demjenigen zu urteilen, was nament=
lich in gewissen Seitentälern des Emmentals und anderer Berg=
gegenden des Kantons Bern (und wohl auch anderswo) geschieht,
nicht isoliert stehen mögen. Das Büchlein ist in der Tat, wohl ab=
sichtlich, sehr grell und dunkel gehalten. Schon der Anfang desselben,
die Beschreibung der Wirtsstube in jenem „Tälchen" und der Gäste
derselben macht uns ordentlich bange; wir schnappen in diesem
Qualm nach frischer Luft und sehnen uns ins Freie. Doch gibt es
auch einzelne Sonnenblicke in diesen Schatten hinein, zum Bei=
spiel das Bild des alten Häftlimachers, wie er in der Sonntags=
frühe so sorgfältig wässert und „jedem Gräschen das Maß Wasser
zukommen läßt, welches ihm heilsam ist". Die fünf Lebens-

geschichten aber sind, wie Bißius verspricht, eigentliche Trauer=
spiele, in denen erschütternde Szenen vorkommen, und von ganz
tragischem Abschluß. Dahin rechnen wir die Schilderung von
Stüdelis Wahnsinn, die Geschichte von Bäbelis Eid und dessen
Folgen, das gräßliche Ende der wüsten Marei und die erschütternde
Katastrophe Lisis, womit das Büchlein schließt. Daß sich diese
Schicksale und die abschüssigen Wege dahin in vielem gleichen
müssen, war natürlich. Doch hat Bißius mit Kunst und planvoll
dem Beginn der Trunksucht bei jedem der unglücklichen Geschöpfe
eine andere Veranlassung und eine andere Art von Verführung
zugrunde gelegt. „Alle waren in verschiedener Lage und verschieden
packte sie die Sünde an.“ Gerade diese ganz verschiedenen Jugend=
und Verführungsgeschichten der fünf Mädchen machen das Büch=
lein wichtig und lehrreich. Denn unser tiefes Mitleid mit den zwar
nicht ohne eigene Schuld, aber doch durch die vorangegangene
erste Schuld anderer dem schauerlichen Abgrund zuschwankenden
Mädchen verwandelt sich sofort in Zorn über die heillose Ver=
wahrlosung von Seite der elterlichen Erzieher und Pfleger.
Bißius mußte diese Gewissenlosigkeit und Gottlosigkeit der Eltern,
die bald direkt durch eigene Sorglosigkeit um ihre Kinder, bald
mittelbar durch Leichtsinn in der Wahl derjenigen Personen,
welchen sie dieselben anvertrauen, an ihrem Unglück schuldig
werden, an verschiedenen Lebenslagen und Berufen dieser
Eltern zeigen, damit recht klar werde, daß der Grund des Übels
nicht in dieser oder jener zufälligen Begangenschaft oder Lebens=
weise der Eltern zu suchen sei, sondern weit tiefer in deren ruch=
losem und stumpfem Sinn, der keinen Begriff von den Pflichten
hat, die sie an den Kindern erfüllen sollen, von der Heiligkeit
des ihnen anvertrauten Pfandes, von der Verantwortung, welcher
diese Pflichtvergessenheit sie aussetzt. Die Verwahrlosung der
Erwachsenen, der Eltern selbst, der Pauperismus, der, teilweise
wenigstens, diese Frucht erzeugt, erscheinen dann hinwiederum
als entferntere, den Kreis der Mitschuldigen erweiternde Faktoren.

Auf ganz verschiedenen Wegen läßt daher Bitius die fünf Opfer
dem verderbenden Laster entgegengeführt, dem Moloch gleichsam
in die Arme gebracht werden. So kommt die Bauerntochter
Lisi auf ganz andere Weise zum Branntweintrinken als das
Bettelkind Marei und das Fabrikkind Lisabeth oder das Lehr=
meitschi Bäbeli und dessen Meisterin Stüdi. Nur d a s bleibt
bei allen außer Zweifel, daß ohne die Gewissenlosigkeit und den
Leichtsinn ihrer elterlichen Vormünder keine von allen vom Laster
ergriffen worden wäre. Hier liegt nach unserer Ansicht der Schwer=
punkt des Büchleins. Bitius wollte die schlimme Wurzel des
Übels zeigen. In der „Armennot" sehen wir ihn später positiv
heilend auftreten und durch bessere Erziehung armer Kinder
diese einem besseren Leben und sittlich religiöser Zucht zuführen.
Die „Fünf Mädchen" sind übrigens, das geben wir zu, nicht eine
Lektüre für jedermann, sondern das Büchlein scheint vorzugs=
weise an Pädagogen, Eltern, Vormünder, ferner an Personen,
die im Staatsleben zu wirken haben, gerichtet. Da übrigens
dasselbe besonders für die Heimat des Verfassers und die krank=
haften Verhältnisse einzelner Gegenden derselben bestimmt war,
so hat der Vorwurf, den ein deutscher Kritiker dem Schriftchen
macht, daß es für Deutschland Überflüssiges enthalte, weil dort
der Fall so junger Branntweintrinkerinnen etwas höchste Seltenes
sei, wenig zu bedeuten. Das Büchlein ist jedenfalls auch in Deutsch=
land eifrig gelesen worden. Es bespricht und berührt ein weit
verbreitetes Übel und hat daher seine Bedeutung für alle, be=
sonders nördliche Gegenden, wo das „Feuerwasser" zu einer
verheerenden Macht geworden ist.

„Dursli, der Branntweinsäufer" ist eine Erzählung von
ähnlichem Stoff, aber ungleichem, nämlich glücklichem, nicht
tragischem Ausgang. Es ist ein Säufer, der sich bekehrt, nach=
dem er seine Familie in die bitterste Not versetzt hat und
selbst auf dem Punkt moralischen und physischen Unterganges
steht. Die Lage Durslis ist von Anfang an eine andere als

diejenige in den „Fünf Mädchen“ und gibt der Hoffnung noch
Raum. Dursli ist nicht von Jugend auf und von Haus aus
verdorben. Er ist als ein tüchtiger, braver Bursche aufgewachsen.
Er hat ein gutes Handwerk gut gelernt, ist an Arbeit gewöhnt
und in derselben geschickt. Er wird erst spät als verheirateter
Mann und Familienvater von einem jener schlechten Subjekte
und eigennützigen Aufhetzer verführt, die Bitzius besonders
gern aufs Korn nimmt und später noch oft in seinen Werken
schildert. Endlich hat er in seiner Frau einen Engel zur Seite,
der sein guter Genius bleibt, und in dessen liebevoller Nähe,
wenn einmal das Eis seines Herzens gebrochen und die bessere
Einsicht gekommen ist, die moralische Genesung rasch fortschreitet
und vor Rückfällen sicher bleibt.

Die furchtbare Krisis, die Peripetie des Dramas, möchten wir
sagen, aus welcher Dursli als ein anderer Mensch hervorgeht,
wird scheinbar plötzlich herbeigeführt durch die zu Visionen, zu
einer Art von Delirium führende Aufregung eines fürchterlichen
Rausches, dessen Wirkung durch den Zorn der Enttäuschung
verdoppelt wird, die der arg geprellte und ruinierte Dursli von
seiner lumpigen kommunistischen Kameradschaft erfährt. Diese
überschnelle Entwicklung ist getadelt worden. Ein Mediziner
aus Bern schreibt hierüber an Bitzius: „Nur eines habe ich als
Mediziner oder vielleicht mehr als Psycholog auszusetzen. Es ist
kein Übergang zu dem furchtbaren Teufelstraum vorhanden. In
diesem Grade kommen sie bei Säufern wohl nie auf einmal
vor. Oft jahrelang gehen allerlei Sinnestäuschungen voraus.
Der Traum selbst aber ist wahr. Ich könnte Ihnen
ähnliches aus dem Leben von Säufern mitteilen.“
In dieser Vision sehen wir die ins Ungeheuerliche gehende
Phantasie des Verfassers wirken, der später die „Schwarze
Spinne“ schuf und andere Sagen. Die „Bürglenherren“ und die
an sie geknüpfte Teufelssage kommen in Bitzius’ Schriften noch
mehrmals vor, so in „Doktor Dorbach“. Die Farbe ist außer=

ordentlich stark aufgetragen; vielleicht ist aber dieses Phantastische und alles Maßes Entbehrende gerade in der Volksvorstellung begründet und auf dieselbe am mächtigsten wirkend. Was Bitzius über die verschiedene Auffassung der Sagen sagt, ist bezeichnend. Er deutet damit an, daß diese Sagen, geistig und rein aufgefaßt, einem edleren Kern zur Schale dienen können und unter den Erziehungsmitteln der Menschheit ihre wichtige Bedeutung haben.

„Dursli" machte sowohl in des Verfassers Heimat als im Auslande Sensation und erlebte mehrere Auflagen. Die Macht der Darstellung war in dieser kleinen Dichtung eine gewaltige. Riehl hat in seiner „Naturgeschichte des Volks" folgendes treffende Urteil darüber gefällt: „Die Fabel", sagt er, „ist so einfach, daß man sie in drei Zeilen ausschreiben könnte, die ganz gewöhnliche Geschichte eines Familienvaters, der sein Haus durch sein wüstes Kneipenleben ins Elend bringt, aber ganz zuletzt in der zwölften Stunde wieder umkehrt. Die Sache ist eben nicht neu und die Moral auch nicht. Aber durchaus neu ist die Gewalt der Schilderung, mit welcher uns dieser moderne Jeremias in den inneren steigenden Verfall des Hauses blicken läßt; da wächst die simple Geschichte vor unseren Augen zu einer Tragödie auf, und wo die Katastrophe kommt — so klein und gewöhnlich, daß sie ein regelrechter Poet gar keine Katastrophe mehr nennen würde —, da malt sich das einfache Bild des dem Abgrund zu stürzenden Hauses so naturwahr in seinen tausend Einzelzügen vor unseren Augen aus, daß es uns die Brust zusammenschnürt und wir dem Verfasser zurufen möchten, er möge aufhören, wir hielten's nicht länger aus! und wo dann der Sünder sich bekehrt und Buße tut und eine ganze Familie, die schon wie abgestorben war, wieder auflebt und Friede und Segen wieder einzieht, da möchten wir dem Verfasser ebenfalls zurufen, er möge innehalten; denn der stille Jubel wolle uns das Herz zersprengen. Das ist der Quell der Poesie, der in dem deutschen

Hauſe verborgen iſt und nur des Poeten harrt, der den Moſisſtab
beſißt, um ihn herauszuſchlagen."

Daß Bißius im Beſiße eines ſolchen Stabes ſei, ward immer
allgemeiner anerkannt, und in „Dursli" bewährte ſich ſeine große
Kunſt, die in „Käthi, der Großmutter" ihren Höhepunkt erreichte,
die Kunſt, aus wenigem viel zu machen, dem einfachſten Stoff
ein dichteriſches Leben einzuhauchen und durch die Art der Dar=
ſtellung Bedeutung zu geben. Die Liebe und Treue im kleinen,
die wir an den Alten, beſonders den Griechen, bewundern,
zeichnen Bißius in hohem Grade vor vielen aus. Eine ſolche
Szene iſt Durslis Heimkunft am Weihnachtsfrühmorgen und das
Aufgehen eines neuen Tages in der Familie, dann Bäbelis
Kirchgang, das Mittageſſen und Durslis Nachmittagsbekenntnis
gegen ſeine Frau. Der ganze Tag enthält eine Reihe von Bildern
von unnachahmlicher Zartheit und Innigkeit. Die zuleßt vom
Großvater Sami erzählte Sage von den Bürglenherren ſchwebt
dann nur noch wie eine ſchwindende dunkle Wolke an dem helle
gewordenen Himmel, und wir legen das Büchlein mit einer ſo
freudigen Empfindung aus der Hand, als fühlten wir uns ſelbſt
zu einem neuen Sein und einer freudigen Zukunft geſtärkt, und
dürften keinen Augenblick verlieren, das gute Prinzip in uns
zum leitenden und herrſchenden zu machen.

Dieſen beiden Erzählungen, den „Fünf Mädchen" und dem
„Dursli" folgte auf dem Fuße (1840) eine kleine Schrift ver=
ſchiedener Art nach, von allgemeinerem Charakter und anderer
Form, die „Armennot". Der Verfaſſer nimmt hier, ſtatt durch
eine konkrete Erzählung, durch ein Beiſpiel ein ſoziales Gebrechen
zum Bewußtſein zu bringen und aus dem Tatſächlichen die Lehre
zu entwickeln, die daran geknüpft wird, einen anderen all=
gemeineren, überſichtlichen Standpunkt ein. Er verfährt, um
uns ſo auszudrücken, analytiſch, nicht ſynthetiſch. Er ſtellt den
Grundſaß oben an und ſpricht die leitenden Gedanken aus, die
er erſt zuleßt an einem realen Beiſpiel erprobt, und deren Frucht=

80

barkeit er an demselben nachweist. Er bezeichnet von vornherein
die Armenfrage als die große, brennende Frage unserer Zeit
und der nächsten Zukunft. Er spricht von der Not und ihren
Quellen, den fernen, in der Vergangenheit der Geschichte liegenden,
und den nahen. Er tritt gegen unrichtige Heilmethoden auf; er
bekämpft zum Beispiel die Zentralisation des Armenwesens
wie überhaupt die bloß äußerliche Abhilfe. Er geht in die
Tiefe und spricht das schöne Wort aus: „Was kein Königs-
wort vermag, vermag die Liebe." Er predigt Heilung
von innen; er will „das Übel in dem Zustande erfassen, in
welchem es am leichtesten zu heben ist, das heißt so früh
als möglich". Dies führt ihn auf die Armenerziehung.
„Die Liebe", sagt er, „soll dem Kind des Armen Gotte und Götti
sein, die elterliche Pflege ersetzen." Er spricht von „der Hilfe in
ihrer ideellen Gestalt", von der Idee, die dieser Armenerziehung
zum festen Grund dienen müsse, und sieht einzig im Christentum,
in der christlichen Idee und Gesinnung, das belebende Prinzip,
welches die Frage von der rechten, geistigen Seite aufzufassen
vermöge und lehre. Er stellt sich auf die Höhe unserer Zeit, welche
nicht minder als vergangene Jahrhunderte zu Großem berufen
sei, nur zu einem anderen, ihr eigenen Großen. Daher ermahnt
er die Zeitgenossen, „vorwärts und in die Zukunft hinaus ein
lebendig Denkmal, das himmelan strebe, ein lebendiges Münster
zu bauen", und er nennt Pestalozzi den „Hochbegabten,
der das Wehen dieses Geistes vernahm, der ihn bei
Namen nannte, der in seinem Namen der Kinderwelt sich
hingab, um aus ihnen Münster, Klöster, Denkmäler zu erbauen,
lebendige, heilige, bis in den Himmel reichende". Bitzius spricht
in Pestalozzis Geiste treffliche Worte; sein Büchlein erscheint
wie ein beredter Nachruf an den Greisen, „den die Welt
von seinen Kindern weggedrängt, mit welchem aber seine Idee
nicht begraben wurde". — Er zeigt sodann der Hilfe Ausführbarkeit, wenn man nur die Hoffnung und Begeisterung nicht

verliere, das scheinbar kleine Resultat nicht geringschätze und
Neid und Egoismus überwinden lerne. Freilich gibt er zu,
daß kleine Ländchen, wo das Familienleben noch am besten
gedeiht und sich am lebendigsten erhalten, hier ungemein im
Vorteil seien, während in großen Staaten die Riesengröße des
Übels fast den Mut lähme, ihm entgegenzutreten. Aber eben
weil seine Heimat hierin vergleichsweise so günstig gestellt ist,
wendet er sich mit doppeltem Nachdruck und edler Wärme an
dieselbe und fordert alle politischen Parteien auf, ihren Haber
über diesem gemeinsamen Werke zu vergessen und sich allseitig
daran zu beteiligen. „Wenn Streit sein müsse," ruft er aus, „so
solle ja nur der sein, wessen Liebe die größere, die aufrichtigere
sei." Die Armennot zu überwältigen, sie zu entsumpfen, so daß
„das Pestartige derselben ausgetrocknet, entfernt, der Schlange
der Giftzahn ausgebrochen werde", sei nicht nur ein nationales
Werk, sondern ein bedeutender Teil der Aufgabe des Christen
gegenüber seinen Brüdern.

Vieles ist schon zustande gekommen auf diesem Wege, und
Bitzius weist uns auf das bereits Erreichte hin, welches bei red-
licher Ausdauer in demselben Geiste noch reichlichere Früchte
und größere Resultate hoffen lasse. Fellenberg ist durch seine
treffliche Wehrlischule in die Fußstapfen Pestalozzis getreten.
Vereine und Anstalten entstanden und wirkten in verschiedenen
Kantonen der Schweiz, so in Glarus, in Zürich, in Appenzell.
In Bern gab, wie wir bereits angeführt haben, der Verein für
christliche Volksbildung den Impuls. Erfreuliche und blühende
Anstalten entstanden auch hier, und Bitzius kommt nun auf diejenige unter ihnen zu sprechen, zu deren Entstehung, Einrichtung,
Werden und Wachsen er so treulich mitgewirkt, auf die Armenanstalt von Trachselwald, in der Nähe von Lützelflüh. Er
verweilt mit Liebe und Stolz bei dieser Schöpfung gemeinnütziger Männer aus seiner Nähe und weist an ihr die Ausführbarkeit der Pestalozzischen Idee nach, sobald ernster Wille und

kluges Haushalten mit den vorhandenen Mitteln sich vereinigen. Dieser letzte Abschnitt der Schrift, gleichsam ihr Paradigma, enthält wahre Goldkörner in betreff der Erziehung der Armen und deckt eine Menge irrtümlicher Ansichten auf. Man sieht es Bitzius hier so recht an, wie sehr die Armensache überhaupt seine teuerste Herzensangelegenheit war, wie die Armenanstalt zu Trachselwald eine seiner wichtigsten Sorgen. Er ruht mit der Liebe eines Familienvaters auf diesem Hause, dessen Wohl und Wehe er seit dem Tage seiner Gründung teilte. Es ist in Wahrheit seine zweite Familie. Ihre Angelegenheiten sind die seinigen. Hier geht er aus und ein, hier hat er gewirkt und gehandelt, als ob seine Ehre und sein Glück mit dem Gedeihen der bescheidenen Stiftung unauflöslich verbunden wäre. Er besuchte die Anstalt sehr fleißig und kannte, wie uns ein Freund des Verewigten schrieb, die Knaben fast alle mit Namen. Sein scharfes Auge bemerkte gar manches, was anderen entging, wobei er bald mit Liebe, bald mit Ernst Übelstände zu heben wußte. Er war lange Jahre Präsident des Vereins und der Verwaltungskommission und die Seele von allem, was für die Anstalt geschah. Er tat für sie alles, was in seinen Kräften stand, und die Liebe und An=erkennung derselben wurde ihm auch in vollem Maße zuteil. Hier lag ein bedeutsamer Teil seines praktischen Wirkens, und in der „Armennot" tritt der Schriftsteller gleichsam zurück hinter dem handelnden Mann, der hier seine liebste Idee und freudigste Tat verteidigt. Die Anstalt in Trachselwald, die sich einer steigenden Blüte erfreut und bei vierzig Knaben zählt, ist der lebendige beredte Kommentar zur „Armennot", sowie dies Büchlein der Anstalt Ausleger und Gedenktafel ist. Dies gibt der Schrift eine besondere Bedeutung. Sie ist entstanden aus dem Drang des Verfassers, die Idee der Armenerziehung so populär als möglich zu machen, indem er sie einerseits an die höchsten Gesichtspunkte knüpfte und andererseits die prak=tische Ausführbarkeit der Sache nachwies. Julian Schmidt hat die „Armennot" mit vollem Recht „ein goldenes Büchlein" genannt.

Wir können von nun an (und konnten schon früher) die Jahre von Bitzius nach seinen schriftstellerischen Werken zählen, da seine Produktionskraft sich stets zu steigern scheint und Jahr um Jahr bedeutende Erzeugnisse sie beurkunden. Auch floß sein Leben so ruhig und unbewegt, so von äußeren Schicksalen ungestört und glücklich dahin, daß wir seine Schriftwerke die einzigen Ereignisse derselben nennen möchten und seine Bahn nach diesen geistigen Meilenzeigern zu bemessen und nach denselben ihr zu folgen berechtigt sind.

Das Buch, welches zunächst aus Bitzius' Feder floß, und welchem einige Jahre später eine Fortsetzung als zweiter, jedoch unabhängiger Teil folgte, war unter seinen zahlreichen Schriften diejenige, welche ihn auf den Gipfel des Ruhmes in der ihm eigentümlichen Gattung erhob und zu einem Liebling des Publikums machte, welches erst jetzt zum vollen Bewußtsein über seine großen Anlagen zu kommen schien. Wir sprechen von „Uli dem Knecht", der unter dem Titel: „Wie Uli der Knecht glücklich wird, eine Gabe für Dienstboten und Meisterleute," im Jahr 1841 herauskam und sofort als die Krone seiner bisherigen Schriften proklamiert wurde. Kein späteres Buch von Bitzius hat den Ruf von „Uli dem Knecht", dem später „Uli der Pächter" als würdige Fortsetzung zur Seite stand, übertroffen, wenn auch neben demselben als gleichberechtigt „Geld und Geist" und „Käthi die Großmutter" erschienen und im öffentlichen Urteil, das gewöhnlich bei so vielen Werken sich eine Rangordnung nicht nehmen läßt, den gleichhohen Rang behauptet haben.

Dieses Urteil über „Uli" war natürlich und gerechtfertigt. Die Eigentümlichkeit von Bitzius' Talent und Richtung entfaltete sich hier in größter Breite und Tiefe. Alle Eigenschaften, die Bitzius als Schriftsteller einer eigentümlichen Gattung auszeichnen, die genaueste Kenntnis ländlichen und bäuerlichen Lebens, der Sitte

84

und Anschauungsweise, der Spiele und Arbeiten des Land=
manns, der inneren und äußeren Ökonomie der großen Bauern=
häuser, die Naturtreue der Schilderungen, die Farbenfrische
und Wärme der Erzählung, scheinen erst hier den rechten Spiel=
raum gewonnen zu haben. Der Verlauf im „Bauernspiegel"
war zu rasch gewesen; zu vieles mußte dort in schneller Folge
dargestellt werden, um behaglich beim einzelnen verweilen zu
können und namentlich das Leben des Bauernhauses in seinen
mannigfachen Beziehungen zu zeichnen. Die „Leiden und Freuden
eines Schulmeisters" hatten einen ganz speziellen Zweck, und viele
Beziehungen dieser Schrift konnten nur die Schulmänner inter=
essieren. Auch die kleineren folgenden Schriften hatten ihre eng
umschriebenen Zwecke und können als Gelegenheitsschriften
angesehen werden. Einige, wie die „Fünf Mädchen" und „Dursli",
hatten überdies düstere Sittengemälde zu entrollen. „Uli der
Knecht" ruht auf einer allgemeineren, wir möchten sagen: be=
haglicheren Grundlage. Bitzius konnte hier freier als in den
früheren Schriften seinem Zuge folgen, die menschlichen Dinge
in ihrer Ganzheit, in der Verbindung von Gutem und Schlimmem,
mit ihrem Licht und Schatten darzustellen und die Breite des
Lebens walten zu lassen. Er konnte, unbeschadet dem von ihm
nie außer acht gelassenen ethischen Zweck, der Dichtung ihr Recht
geben, zu erfreuen und aufzumuntern und nach Gewittern die
Sonne wieder leuchten zu lassen. „Uli" zeigt uns in einem großen,
wahren, lebenswarmen Bilde das Leben des Landmanns, be=
sonders aber die Verhältnisse zwischen dem herrschenden und
dienenden Landmann, zwischen Grundbesitzer und Arbeiter,
Meister und Knecht, und führt uns in die vielfach bewegte Welt
ein, die innerhalb des Kreises, den wir mit dem allgemeinen
Namen Dorfleben bezeichnen, ein kompliziertes, abgestuftes,
organisch gegliedertes Ganzes ausmacht. Es war in dieser Be=
ziehung ein für Bitzius und seine Dichtungen höchst günstiges
Moment, daß er in einer Gegend lebte, wo, wie im Emmental

und Oberaargau, das aristokratisch-bäuerliche Element, der große
Grundbesitz das Herrschende und Maßgebende war, welchem die
anderen Teile der Gesellschaft, die Nichtbesitzenden oder nur in
geringerem Maß Besitzenden gleichsam hierarchisch eingefügt
waren. Dieser große Grundbesitz, die großen ungeteilten Höfe
mit ihren Rechtsamen und ihrer ausgebildeten Ökonomie, waren
das Bild einer Welt im kleinen, in welcher es Stände, Stufen
und Rangordnungen gibt wie in der großen Gesellschaft, patriarchalische, bürgerliche, proletarische Elemente, die sich bald
freundlich unterstützen, bald feindlich gegenüberstehen. Bitzius'
Dichtung, aus Gegenden geschöpft, in welchen das Eigentum
mehr nivelliert, Grund und Boden stark geteilt sind, wäre weit
weniger reich und mannigfaltig geworden. Das große Bauernhaus
hingegen ist wie ein Staat im kleinen und hat seine Dimensionen
als ein vielfach zusammengesetzter Organismus.

Dieses kleine Reich nun, das Reich des großen Bauernhofes,
ist der Gegenstand von „Uli dem Knecht" (und später „Uli dem
Pächter"). Bitzius hätte sein Buch auch überschreiben können:
„Der bernische Bauernhof" oder so etwas, wenn er nicht schon
in dem Titel hätte andeuten wollen, wohin seine Erzählung und
dichterische Darstellung ziele. Er wollte demnach das Verhältnis
zwischen Meister und Dienstboten, Grundbesitzer und Lohnarbeiter
beleuchten und Licht und Schatten dieses Verhältnisses zeigen.
Das Buch hat daher diese Doppelseite und Doppelrichtung stets
im Auge. Meister und Knecht sollen in demselben die vernünftigen
Grundsätze finden, durch welche sie einzig als Teile eines Ganzen
wirken und die gegenseitige Wohlfahrt erstreben und fördern
können. Bitzius schreibt einem Freund darüber: „Uli ist eigentlich
nur das erste Bild einer ganzen Reihe. Es ist ein eigenes Feld,
Dienstboten durch vieler Meister Häuser zu führen. In den
Memoiren einer Köchin läßt sich das ganze Leben einer Bürger-
schaft aufrollen." — „Uli" war ein fruchtbares Thema zu einer
Zeit der Bewegung, die ganz besonders diese Verhältnisse auf-

rüttelte, hier Neid und Trotz, dort Hochmut und Härte erzeugte
und begünstigte, und der Gegenstand war höchst zeitgemäß in
einem vorzugsweise agrikolen Land, wo zwischen herrschenden
und dienenden Elementen, zwischen Grundbesitz und Tagelöhner=
tum, Grundkapital und Arbeit, die Kluft sich erweiterte und
Reibung überall zutage trat.

Das Buch hatte so einen trefflichen ethischen Stoff zu behandeln.
Bitzius benützte und entwickelte denselben auf die schönste und
fruchtbarste Weise. Uli wird aus einem faulen, liederlichen Knecht
ein fleißiger und arbeitsamer; er lernt aus einem gedankenlosen
und rohen Zustande, dem nur die Spanne der nächsten Gegen=
wart etwas gilt, sich herausarbeiten zur Hoffnung auf die Zukunft,
zum Glauben an sich selbst und an die Möglichkeit besserer Zustände
und glücklicherer Tage. Ein langsamer Entwicklungsgang und
Widerwärtigkeiten aller Art führen ihn bis zu diesem Punkt.
Ein vortrefflicher Meister, der Bodenbauer Johannes, wird das
erste Werkzeug seiner Umkehr und bleibt von da an der uneigen=
nützige Leiter und Rater seines schwankenden und unsicheren
Geistes. Die Operation geht langsam, aber sicher vor sich. Bitzius
erspart seinem Helden, wie er es auch im „Schulmeister“ getan,
nichts. Er läßt ihn scharf arbeiten, und der Leser empfindet es
oft mit Uli, als ob dessen Kämpfe und Anstrengungen am Ende
vergeblich sein dürften. Doch „Treue siegt“, möchte man sagen.
Uli arbeitet sich zu höheren Stufen empor, die zu erreichen ihm
früher eine Unmöglichkeit geschienen. Er ringt sich aus dem
geringeren Dienstverhältnis eines Knechtes zum freieren und
selbständigeren eines Pächters empor, bis seine Ausdauer, sein
unverdrossener Mut und treues Streben durch die Liebe eines
vortrefflichen Mädchens belohnt werden, an dessen Hand seinem
Leben eine schönere und freiere Zukunft aufgeht. Das Buch hat
darum einen ungemeinen sittlichen Wert, weil Bitzius in dem=
selben wie ein Schulmeister, seinem obersten Grundsatz getreu,
daß die Vorsehung unsere Kräfte erst dann steigere und vermehre,

wenn wir sie zu benutzen verstehen und in eigener Bestrebung
nicht lässig sind, sehr mäßig im Lohnen der Anstrengungen und
Mühen des Uli verfährt. Ein vertrauter Freund von Bitzius,
selbst ein Landmann und trefflicher Meister in der Art des Boden=
bauers, machte ihm die Bemerkung, er lasse seinen Uli hart schaffen
und eine strenge Schule durchmachen, ehe er ihn auf einen grünen
Zweig bringe. Bitzius erwiderte, dies sei allerdings richtig und
er gehe absichtlich einen anderen Weg als viele Schriftsteller.
Er könne die „Wunschhütlein" nicht leiden, durch welche dieselben
ihre Helden glücklich zu machen pflegen. Er halte diese Art von
Schriftstellerei für verderblich, weil sie die Leute faul und träge
mache. Sein Zweck sei überall, die eigene Kraft zu wecken
und den Leuten ihre Pflicht und ihr Tagewerk nicht allzuleicht
zu machen. Ulis Charakter war auch zu diesem Zweck vorzüglich
gut gewählt. Hätte Bitzius aus Uli einen genialen Knecht gemacht,
der, mit sicherem Urteil und Energie begabt, ebenso schnell aus
dem Sumpfe gestiegen wäre, als er in denselben hineingeraten,
so wäre aus einem solchen Lebensgange einer begünstigten Natur
die große Lehre nicht zu schöpfen gewesen, daß Arbeit mit Treue
im Beruf und schlichtem Gottvertrauen verbunden imstande
seien, sich ein zufriedenes und glückliches Los zu schaffen, auch
bei sehr mittelmäßigen Anlagen und einem bescheidenen Maß
von Geisteseigenschaften, an welche so oft irrigerweise, als durch
sie bedingt, des Lebens höchstes Gut geknüpft wird. Uli ist ein
Alltagscharakter von sehr unsicherem Urteil und von einer
Borniertheit und Wankelmütigkeit, die uns oft ungeduldig
macht, und gleichwohl erzwingt seine schlichte und ausharrende
Treue unsere Achtung, und wir müssen gestehen, daß Ulis Weg,
wenn auch ziemlich sauer, noch manchem offen steht, der ihn
bloß aus Trägheit versäumt, und daß dieses Buch ein Volksbuch
im besten Sinne des Wortes ist, indem es vielen, sehr vielen
durch Tatsachen, die wir täglich selbst wahrnehmen können, den
natürlichen Weg zeigt, sich aus mühevollen, dienenden Zuständen

zu etwas Besserem und Erfreulicherem im Leben aufzuschwingen. Was die Figuren im „Uli dem Knecht" betrifft und das, was wir den Roman des Buches nennen möchten, so werden wir dies noch später besprechen können, bei „Uli dem Pächter", welcher erst 1849 erschien. Wir verweilen daher jetzt nicht länger bei dem köstlichen Buche, dem gelesensten vielleicht von allen Schriften von Bitzius und demjenigen, welches namentlich dem Landmann am meisten zusagte und lieb wurde. Ein rührendes Faktum be= zeugt den Zauber, womit dasselbe den Leser fesselte. Ein kranker, alter blinder Bürger im Kanton Glarus ließ sich den „Uli" durch seine Tochter vorlesen, und das Buch entzückte ihn so, daß er sich äußerte, sie solle eilen, er wünsche nur noch so lange zu leben, bis er dasselbe zu Ende gebracht habe. Dieser Wunsch ging in Er= füllung. Uli wurde ausgelesen, und zwei Tage nachher starb der Alte.

Ein Produkt ganz eigener Art, völlig verschieden von allen bisherigen Erzeugnissen von Bitzius, war das kleine Büchlein: „Ein Silvestertraum", erschienen ein Jahr nach „Uli dem Knecht". Wir möchten dies seltsame Büchlein, wie auch sein Titel es zugibt, eine Vision, eine Phantasie in Jean Pauls Manier nennen, etwa in der Art von des letzteren „Neujahrsnacht eines Un= glücklichen". Bitzius versuchte sich hier in einem höheren, elegischen Stil, und seine Phantasie wagte den Flug in ein geheimnisvolles Gebiet. Er schrieb aus einer besonderen Stimmung und für besondere, verwandte Stimmungen. Der Ton ist, wie gesagt, ganz lyrisch elegisch. Das Scheiden eines Jahres sowie der Ab= schied jedes einzelnen Tages, das Untergehen der Sonne, wecken diese Stimmungen in uns durch die naheliegende Erinnerung an den vergangenen Zeitraum, an das, was er nahm und brachte. Wenn uns dann, wie der deutsche Dichter schön sagt, „was ver= schwand, zu Wirklichkeiten wird und ein längst entwöhntes Sehnen nach jenem stillen, ernsten Geisterreich uns ergreift," so fühlen wir uns namentlich jenen Abgeschiedenen näher, die uns einst angehört haben und unter uns wandelten, und wir

glauben an einen geistigen Verkehr mit ihnen. Solchen Gefühlen
entsprang der „Silvestertraum". Seine Färbung ist daher eine
wehmütige und trauernde. Bitzius schreibt darüber seinem
Universitätsfreund Maurer von Constant, „die Wehmut, das tiefe
Leiden über das Leiden dieser Welt, möge es seine Quelle in
Gottes Willen, in Mißverständnissen oder in getrübten Seelen=
zuständen haben, liege dem ‚Silvestertraum‘ zugrunde". Dann
sagt er: „Das Bild der Landschaft, den Abend, habe ich wirklich
eingesogen am Silvesterabend 1827, und zwar auf der Jagd.
Zur ganzen Darstellung bewogen mich Begebenheiten aus dem
Leben meiner Freunde; die meisten Bilder sind dem Leben
entnommen; der meisten Schmerz litt ich mit, und eine
eigene Wehmut, die oft gerade im Frühling über mich kommt,
gibt das Ganze." Ein anderer vertrauter Freund von Bitzius,
der gerade ein geliebtes Kind betrauerte, schreibt ihm sehr schön:
„Deine Silvesternacht hat seither schon öfter Ahnungen in mir
geweckt, die ich für nichts nehme, als was sie sind. Ich weiß wohl,
daß in diesen Phantasie= und Gemütsspielen nicht der Grund
unserer Hoffnungen ruht; aber wo der Anker den Grund gefunden,
da mag wohl auch das tränende Auge an dem Wellenspiegel der
auf und nieder leuchtenden Bilder sich erfreuen."

Der „Silvestertraum" zeichnet sich durch Schwung der Sprache,
mächtige Phantasie und eine edle Gesinnung aus. Er hat eine
sittlich religiöse Bedeutung durch den Kausalzusammenhang, in
welchen das Leben des Menschen mit den Schicksalen der ihn
Überlebenden gesetzt wird, die aus diesem Leben die gute wie
die schlimme Frucht zu ernten haben. Es ist die Ausführung jenes
Gedankens, der im „Schulmeister" ausgesprochen wird, wo es
heißt: „So war der alte Weber im Boden, und doch wob der alte
Weber auf Erden am Tuche fort, das er aufgespannt hatte. Es
meinen die Menschen, wenn des Menschen Stimme verhallt sei,
wenn sein Fuß im Grabe ruhe, so sei sein Leben zu Ende, sein
Wirken abgeschnitten. Die Kurzsichtigen! Seine Worte, vielleicht

Worte vor vierzig Jahren gesprochen, hallen fort in der Welt
der Geister; sein Wirken spinnt seinen Faden fort und fort durch
das große Gewühl dieser Erde; es webt der Weber fort und fort
auf seinem unsichtbaren Webstuhle." — Am Ende des Büchleins,
welches aus weichem Ton zu gefaßter und beruhigter Stimmung
übergeht, wird der würdige Gedanke ausgesprochen, daß die
beste Trauer um die Geschiedenen die Erhebung des eigenen
Lebens zum Höheren und Besseren, zur Tatkraft, zum Wirken
für andere sei. „Das Grübeln ließ ich," heißt es dann, ich faßte
mich im Glauben und betete und arbeitete wieder. Bei den
Toten suchte ich die Lebendigen nicht mehr; im Leben fand ich
die Meinen wieder, nicht im Grabe ... So erschienen mir die
Toten im Wachen, im Traume, so sind sie mir nicht mehr tot,
sondern leben mir." Diese Stelle erinnert uns an die ähnlichen
tiefen Worte des deutschen Dichters:

> Nicht in das Grab, nicht über's Grab verschwendet
> Ein edler Mann der Sehnsucht hohen Wert;
> Er kehrt in sich zurück und findet staunend
> In seinem Busen das Verlorne wieder.

Der „Silvestertraum" mit seinem Zug von Wehmut und
seinen vielfachen Anklängen aus verschwundenen Tagen und
ernsten Lebensschicksalen hat begeisterte Leser und besonders
Leserinnen gefunden, und es bewahren viele im Herzen diese
Elegie, die einzeln dasteht als ein ernstes Gedenkblatt eines
Träumers, der sonst so wenig Träumer war und so wachend und
bewußt durchs Leben schritt.

Noch müssen wir erwähnen, daß der „Silvestertraum" ein
sonderbares Schicksal hatte. Das erste Manuskript ging nämlich,
nachdem es bereits versendet und in den Händen desjenigen
war, dem es anvertraut worden, durch Zufall verloren, und
Vitzius erklärte später, es sei ihm unmöglich gewesen, den ur=
sprünglichen Text zu restituieren, und die spätere Bearbeitung
stehe der ersten weit nach.

Bitzius betrat um diese Zeit, aufgemuntert in seinem Schrift=
stellerberuf durch die Anerkennung, die ihm von allen Seiten
zuteil wurde, eine anderes ganz neues Gebiet in seinen „Bildern
und Sagen", welche in sechs kleinen, ziemlich rasch aufeinander=
folgenden Bändchen in den Jahren 1842, 1843 und 1844 er=
schienen. Wir lassen nämlich die große Erzählung „Geld und Geist",
die einen Teil dieser Sammlung ausmacht, als selbständiges Werk
vorerst beiseite und sprechen ein Wort von den Sagen und
anderen Erzählungen, wohin vorzüglich „Die schwarze Spinne",
„Der Druide", „Der letzte Thorberger", „Sintram und Bertram"
und „Kurt von Koppigen" gehören, welch letztere Erzählung
freilich erst später in den „Erzählungen und Bildern aus dem
Volksleben der Schweiz" erschien, aber gleichwohl den Sagen
beigezählt werden kann. Von diesen machen „Die schwarze
Spinne" und wiederum „Der letzte Thorberger" eigene Kate=
gorien aus. Der letztere ist eine auf historischem Boden sich
bewegende Erzählung; die erstere ist aus Nachklängen einer
eigentlichen Volkssage entstanden, dahingegen Erzählungen wie
„Der Druide", „Sintram und Bertram oder die Gründung
Burgdorfs" und auch „Kurt von Koppigen" als Gebilde der
Phantasie gelten können, welche der Wirklichkeit keinen Raum
übrig gelassen. Es war ein Wagstück von Bitzius, das Gebiet
der Sage zu betreten, da er in einer im Gegensatz zum Berner
Oberland ziemlich sagenlosen Gegend schrieb. Der Emmentaler
ist nicht phantasiereich, und aus ferner Vergangenheit dämmert
nur noch weniges bis in unsere Zeit hinüber. Auch mag im ganzen
die Reformation zur Ernüchterung des Volkes das Ihrige bei=
getragen haben, da der Faden mit der früheren und noch mehr
mit der uralten Periode in vielem abreißen mußte. Bitzius fand
daher in seiner Nähe, im Volke selbst, zu dieser Art Dichtung
wenig Stoff. Seine Phantasie konnte unumschränkt walten und
lief Gefahr, sich oft ins Blaue zu verlieren.

„Der letzte Thorberger", die bedeutendste dieser Erzählungen,

ist ein historisches Charakterbild aus dem Ende des vierzehnten
Jahrhunderts, aus der Zeit, da Coucy mit seinen Guglern ins
Land fiel. Die Novelle kam ursprünglich als Beigabe einer Ansicht
des Schlosses Thorberg im „Wandrer in der Schweiz" heraus.
Sie wird angeknüpft an die historische Tatsache, daß der letzte
der Thorberger im Jahre 1389 das Schloß, zwei Stunden von
Bern äußerst romantisch gelegen, als Karthause Bern übergab
und kinderlos starb. Bitzius, der seinen Stoff, von dem er einen
Freund den Plan der Behandlung mitteilte, selbst einen tragischen
und überreichen nennt, hat sich hier ein wenig in der Geschichte
umgesehen. Doch fehlen die rechte historische Unterlage und gründ=
liche historische Studien. Das Ganze hat einen novellistischen
Charakter. Phantastisches und Geschichtliches ist durcheinander=
gemengt. Ungeheuerliche Gestalten, Figuren, die sich in der
Wirklichkeit nicht finden und nie finden konnten, umgeben uns,
und wichtige historische Ereignisse treten in die Erzählung hinein,
ohne daß wir sie näher kennenlernen. Den Mittelpunkt bildet
die wie aus Eisen gegossene Figur Peters von Thorberg, des
letzten dieses mächtigen, in Berns Geschichte oft eingreifenden
Geschlechts. Sein Charakter ist, abgesehen von der historischen
Wahrheit desselben, über die wir nicht urteilen, vortrefflich
gehalten und ragt über alle kolossal hervor. Es ist eine meister=
hafte Studie. Neben mancher abenteuerlichen und überroman=
tischen Episode, in welcher das Kolorit der Zeit wohl nicht immer
getroffen ist, enthält „Der letzte Thorberger" viel p o l i t i s c h e
Weisheit, und Peters Lage an der Spitze mächtiger
Dynasten und eines unlenksamen und unter sich habernden
Adels gegenüber der wachsenden Macht der Städte, denen immer
mehr die Zukunft zuzufallen scheint, macht in echt historischer
Weise den Satz anschaulich, daß die große Einsicht, Schlauheit
und Gewandtheit einzelner nichts vermag und sich völlig un=
mächtig zeigt zur Aufrechterhaltung von Institutionen und
Zuständen, deren Stunde gekommen ist, und daß in solcher Zeit,

wo einem alten Gebäude der Einsturz droht, alles, womit man dasselbe wider die Gewalt der Verhältnisse zu stützen sucht, diesen Einsturz nur beschleunigt. Treffend sagt daher Bitzius von seinem Helden: „Er gedachte in bitterem Schmerze des alten Glanzes und rechnete nicht den Sünden des Hauses dessen Verdunkelung zu, sondern dem frechen bürgerlichen Übermut und dessen niedrigem Krämersinn", und an einer anderen Stelle bemerkt er, von Peter sprechend: „Er vergaß, daß nirgends ein gemein= sames Streben andauert, wo der einzelne keiner höheren Gewalt sich beugt, jeder seine Natur ungezähmt will walten lassen, und daß man den Weg zu seinem Ziele gar oft sich selbst abgräbt, während man rücksichtslos zu seinem Zwecke das nötig geglaubte Mittel sucht." — Nicht minder beziehungsvoll sind jene Worte: „Einzelne Menschen können wohl zeitlebens ihren Groll verbergen, können sterben, ehe er auf irgendeine Weise sich kundgegeben, so aber nicht der Groll zwischen Ständen und Völkern. Wie die Wetterwolke schwillt er auf, bis er sich entladet, wächst, bis er zur Tat wird. So ging es auch zwischen den Fürsten und Herren und den Städten und Ländern."

„Der letzte Thorberger" bleibt ein Versuch von Bitzius auf einem Gebiete, in welchem er vielleicht, wenn er Zeit und Geduld zu ernsten historischen Studien gehabt hätte, Tüchtiges hätte leisten können. Sein patriotischer Sinn, seine Liebe zur Geschichte seines Landes und seiner Vaterstadt Bern, die im „Thorberger" überall stark hervortreten, hätten ihm auf diesem Wege zu er= munternden Leitsternen dienen können. Doch seine Stärke lag nicht auf diesem Gebiete.

Andere dieser Erzählungen, wie „Der Druide" und „Sintram und Bertram oder die Gründung Burgdorfs", könnte man in gewisser Beziehung Allegorien nennen, durch welche uns irgend= eine wichtige Lehre ans Herz gelegt werden soll. So wird im „Druiden" der Wert der Heimat anschaulich gemacht und die Liebe zu dieser Heimat gepredigt, und es hat die Erzählung die

Bedeutung, vor mutwilligem Auswandern zu warnen. Bitzius
selbst schreibt darüber einem Freund, der Eindruck des verlassenen
Landes solle anschaulich gemacht werden, weswegen die Handlung
in den Hintergrund gestellt worden sei. Ebenso will uns „Die
Gründung Burgdorfs“ oder „Sintram und Bertram“ die Be=
wahrung christlicher Kultur, die Bekämpfung der Barberei jeder
Art ans Herz legen und vor zwiespältigem, die gemeinsame
Wohlfahrt zerfressendem Sinn zwischen Brüdern und Volks=
stämmen warnen. Die alte Sage des Drachenkampfes, die, einer
alten Chronik entnommen, auch schon poetisch benützt und in
einem Gedicht in den schweizerischen „Alpenrosen“ dargestellt
worden, wird hier zum Mittelpunkt der Erzählung gemacht und
derselben eine sinnbildliche Bedeutung gegeben. „Ihre Gräber“,
so schließt in ernstem und feierlichem Ton diese Novelle, die
ebenfalls ganz auf wildromantischem, ungeheuerlichem Boden
wurzelt, — „werden nicht mehr gefunden; es möchte aber Gott
es wenden, daß ihre Kraft, ihre Treue, ihr Glaube gefunden
werden mögen über ihren Gräbern, als die Blumen, welche aus
dem Reich der Toten hinüberwachsen, um das Leben zu schmücken
und die Lebendigen zu krönen mit den Kronen, welche grün
bleiben und nicht abfallen in alle Ewigkeit. Es möge Gott es
wenden, daß das begrabene Heidentum nicht neu wieder geboren
werde und ströme in die Welt durch tausend und aber tausend
Tore, durch die Herzen der Menschen, daß der alte Drache er=
schlagen bleibe, der giftige Wurm, der zwischen Brüder sich legt
und zur Wüste das Land legt, nicht wieder lebendig werde, daß
aus den Gräbern nichts wachse als Treue und Glaube und Liebe,
Blumen, die um das Kreuz sich ranken.“

Diese Erzählungen von Bitzius sind in einem gehobenen,
pathetischen Ton geschrieben, und auf den Gestalten derselben
ruht ein gewisser urweltlicher Glanz, und eine heroische Kraft
spricht aus ihnen, während der Schluß, wie derjenige des „letzten
Thorbergers“ und „Kurts von Koppigen“ von einer verklärenden

Glorie umgeben ist, die über das Ganze der Erzählung einen
milden Schimmer zurückwirft, und von dem hohen Sinn des
Verfassers Zeugnis gibt.

Die bekannteste von Bitzius' Sagen ist „Die schwarze Spinne".
Diese ist, wie wir bemerkt, aus den Nachklängen einer eigentlichen
Volkssage entstanden; allein die Phantasie des Dichters hat alles
umgestaltet und erweitert. Die Erzählung ist so schauerlich und
grausig, Bitzius hat seine Einbildungskraft hier so maßlos walten
lassen, daß uns das Ganze einen der Wirkung echter Dichtung
ganz entgegengesetzten Eindruck machen würde, wenn nicht das
dunkle Bild von einem so lieblichen Rahmen eingefaßt wäre,
wie ihn die Beschreibung der sonntäglichen Feier, der Kindtauf-
schmaus und dessen behagliche Szenen bilden. Schon der Umstand,
daß die furchtbare Sage als ein längst Vergangenes, von dem
Großvater am Kindtaufmahl bloß erzählt wird, mildert das
sonst Allzuschaurige und gibt der Erzählung durch diese Einfassung, wie sie Hebel in seinen größeren Dichtungen, zum
Beispiel im „Karfunkel" und im „Statthalter von Schopfheim"
liebt, den Charakter eines beim Spinnen oder beim Abendtisch
erzählten Märchens. Bitzius knüpft übrigens auch an diese mit
glühender Phantasie und oft mit ergreifender Naturtreue geschriebene Erzählung die höchsten Ideen an. „Die schwarze Spinne"
soll uns zeigen, wie großes gemeinsames Unglück und der Fluch
früherer Schuld gewendet werden mögen durch wahre Opfer-
fähigkeit, und wie groß die Kraft, wie gesegnet die Wirkung
eines neuen gotterfüllten und begeisterten Willens sei. Dieser
Wille, dieser Sinn sollen geweckt werden. Rechte Demut, aber
auch rechtes Vertrauen soll die schauerliche Sage in den Gemütern erzeugen. Sie soll bessernd, stärkend wirken. — Gleichwohl mag ein gleichzeitiger Rezensent dieser neuen Produkte
von Bitzius nicht unrecht gehabt haben, wenn er den Verfasser
davor warnte, sich durch die „schwarze Spinne" in das Netz der
Belletristerei verlocken zu lassen. Von allem, was Bitzius schrieb,

nähert sich nichts so sehr jener vielverbreiteten Gattung von
Literatur, die besonders in Frankreich zu Hause ist, und die ein
blasiertes und emotionsbedürftiges Publikum mit vorzugs=
weiser Beschreibung von Gräßlichem in Atem erhalten zu müssen
glaubt.

In der großen Erzählung „Geld und Geist oder die Versöh=
nung", in drei Abteilungen, zuerst in den Bildern und Sagen
erschienen, später in einen Band gesammelt, kehrte Bitzius wieder
zu seinen Penaten, um uns so auszubrücken, zur Dorfgeschichte
und Gegenwart zurück und war in der Wahl und Bearbeitung
seines Stoffes so glücklich, daß eines seiner köstlichsten Gebilde
entstand, ein Buch, welchem viele den Vorzug vor allen anderen
von Bitzius geben, „Käthi, die Großmutter" vielleicht aus=
genommen, welch letztere aber in anderer Weise als „Geld und
Geist" ausgezeichnet ist. — Diese letztere Geschichte nämlich
stellt, wie „Uli der Knecht" und „Uli der Pächter", das große
Bauernhaus und sein Leben dar, aber in anderen Beziehungen
und Verhältnissen. Denn während dieses Bauernhaus in den
beiden Uli als ein arbeitender, erwerbender Organismus er=
scheint, während dort das Verhältnis zwischen Meister und
Dienstboten, das empor sich ringen des Knechtes zum Pächter,
des Pächters zum Bauer in den Vordergrund tritt und den
Mittelpunkt der Geschichte bildet, sehen wir in „Geld und Geist"
das Bauernhaus gleichsam als ein Ruhendes, in sich Abgeschlossenes
und Vollendetes, und es ist die Familie unter sich, ihr inneres
Leben, das Walten in ruhendem Zustande, später auch die Be=
ziehungen nach außen zu einem anderen ganz verschiedenen
Hause, welche uns hier sogleich entgegentreten. In den „Uli"
ist Arbeit, Mühsal, Kampf mit widrigen Verhältnissen das Vor=
herrschende. In „Geld und Geist" sehen wir die Sonnenseite,
das patriarchalische, edle Element des Bauernhauses. Es steht
gleichsam hier in seinem Sonntagsschmuck, während es dort
ganz werktäglich aussieht. Und doch ist diese schöne Entfaltung

des Lebens im echten Bauernhause, welches von altadeliger
Ehrbarkeit, wie Bitzius sich ausdrückt, von einer festen Ordnung
und Regel, von alter Sitte und Tradition im guten Sinne ge=
hoben und getragen wird, in „Geld und Geist“ bloß der Grund,
auf welchem eine höhere Dichtung aufgezogen wird. Das bloß
rührige und wohlgelenkte Bauernhaus mit seinem Hofstaat
verschwindet, und das menschliche Herz tritt zutage. Ihm gehört
das Buch an. Bitzius steigt als Dichter in seine Tiefen und bringt
uns den wunderbaren Reichtum desselben, sein Fluten und
Ebben, seine innere Geschichte und Entwicklung, die oft an so
unscheinbaren Fäden hinläuft und so schwer zu verfolgen ist,
aus dem Schachte herauf. Ein Familiengemälde von tiefster
Anlage entrollt sich vor unseren Blicken. Ein glücklicher, auf
gegenseitigem Vertrauen scheinbar festruhender Zustand, ein,
wie man glauben sollte, auf die Dauer gesichertes Verhältnis
zwischen wackeren Eheleuten gerät plötzlich auf eine abschüssige
Bahn und wird, ohne daß bedeutende Fehler oder große Leiden=
schaften zutage träten, unbemerkt nach einer gefährlichen Tiefe
gezogen. Das Glück des Hauses droht zu scheitern, wenn nicht
eine innerliche Kraftanstrengung Rettung bringt, die in Zwiespalt
verstrickten Gemüter noch rechtzeitig zum Frieden zurückführt
und die den Tag verhüllenden Wolken zerstreut. Die tiefste psycho=
logische Wahrheit spricht aus jeder Seite. Keine große Irrung
hat, wie gesagt, die Dinge einer Katastrophe nahe gebracht. Das
unbewachte Herz hat sich selbst getäuscht. Die Vernunft ist lässig
geworden im Aufmerken, im Entdecken des gefährlich glimmenden
Brandes. So wird das Übel durch den Mangel eines freien ersten
Entschlusses, durch die Zaghaftigkeit vor dem ersten Schritt edler
Selbstüberwindung weiter und größer. Die Seele wird nach
und nach von einer einzigen erst unscheinbaren Leidenschaft
unterjocht. Da rafft sich endlich die gute sittliche Natur auf, die
Binde fällt plötzlich von den Augen der entzweiten Eheleute,
die alte Liebe erstarkt zu schnellem Sieg. Bitzius liebt die wunder=

baren Entwicklungen nicht, und so läßt er auch hier nichts über=
natürliches einwirken. Die Herzen mußten reif werden für die
Versöhnung, und diese Reife mußte zuerst im weiblichen Herz,
wo die größere Liebe wohnt, sich zeigen. Eine „unendliche Demut"
mußte nach Bitzius' Ausdruck über Anneli kommen, und in das
empfängliche und weich gewordene Herz die Predigt des Pfarrers
wie ein befruchtender Regen fallen, um alles wieder zum Besseren
zu kehren. Soweit die erste Erzählung, die mit dem ersten Teile
schließt, und welcher in betreff der Hauptfakten eine wirkliche
Begebenheit zugrunde liegt. Die Geschichte mit den fünftausend
Pfunden hat sich wirklich in der Nähe von Bitzius ereignet,
und es möchte der wackere Bauer von Liebiwyl noch zu finden
sein, dessen stattliches und gesegnetes Haus die Szene und den
Mittelpunkt der Erzählung bildet.

Dieser ersten Erzählung, an deren Fortsetzung Bitzius zuerst
gar nicht dachte, ließ er eine zweite folgen, veranlaßt, wie er
selbst im Vorwort zur zweiten Abteilung (im vierten Bändchen
der Bilder und Sagen) gesteht, durch den Ärger vieler Leser
über den zu raschen Schluß, der in der Tat etwas sonderbar war
und den Eindruck des schönen Bildes der wieder versöhnten
Familie durch das plötzliche Erschallen der Feuerglocke störte.
Diese zweite Erzählung, die Liebe Reslis und Anne Mareilis,
wiederholt in gewisser Beziehung das Thema der ersten in einer
jüngeren Generation. An dem beginnenden Zerwürfnis, welches
zwischen die Liebenden sich legt, sind diese unschuldiger als Reslis
Eltern an dem zwischen ihnen entstandenen. Der Druck und die
Ungunst äußerer Verhältnisse tun das meiste, und der Eigennutz
des Dorngrütbauers wird hier gleichsam zum Wertmesser und
Prüfstein darüber, ob die Liebe der jungen Leute im Feuer
gehärtet sei. Auch der Schluß dieser zweiten Handlung oder
Erzählung befriedigt nicht. Das Ende wird ganz rasch herbei=
geführt; einzelnes bleibt unmotiviert und die Erklärung der
Phantasie des Lesers überlassen. Dies gilt jedoch bloß von der

äußeren Geschichte. Denn was die innere Entwicklung angeht,
so wird die Erzählung durch den Tod der Mutter und die durch
sie (freilich weiß man nicht wie) herbeigeführte Auflösung des
Mißverständnisses ebensoschön abgeschlossen als der erste Zwie=
spalt durch den wiederhergestellten Frieden zwischen den beiden
Ehegatten.

Was „Geld und Geist" nach unserer Ansicht so sehr auszeichnet,
ist die Reinheit und Innerlichkeit, welche diese ganze Erzählung
beherrschen und durchdringen. Bei allem sinnlichen, echt poetischen
Reiz der Darstellung, bei aller Frische der Farben, in welcher
uns die Außenwelt erscheint, und welche den Bauernhof von
Liebiwyl und sein Leben wie im hellen Sonnenschein erglänzen
läßt, sind doch die Herzen der Menschen, das innere Leben und
seine Bewegungen der Mittelpunkt, um welchen die Erzählung
sich bewegt, die von Anfang an in die Tiefe strebt, nach „des
Herzens heilig stillen Räumen" und wiederum nach seinen Stürmen
und Flutungen hin. Bitzius hat hier wahre Meisterschaft ent=
wickelt und steht in betreff psychologischer Wahrheit auch den
Vorzüglichsten unter den Dichtern nicht nach. Auch ist in diesem
schönen Buch der poetische Eindruck vielleicht reiner als in irgend=
einem anderen von Bitzius, weil es freier als andere von dem
vom ästhetischen Standpunkt aus störenden Beiwerk, wie poli=
tischer Polemik, trivialen Stellen oder allzu burleskem Witz, ist,
und sodann, weil diejenige Dichtung uns den reinsten Eindruck
gibt, welche, wie Goethe sagt, eine fröhliche Botschaft bringt
und im Leser das Streben nach harmonischem Dasein befriedigt.
Dies ist bei „Geld und Geist" in vollem Maße der Fall, während
zum Beispiel bei „Uli" des Kampfes und der Mühsal fast zuviel
wird und uns so das Erfreuliche gleichsam zu teuer erkaufen läßt. —
Auch ist in diesem Buche wenn wir die erste und zweite Er=
zählung getrennt auffassen, die Einheit der Handlung beobachtet
und eine zerstreuende Vielheit von Episoden vermieden. Alle
diese Vorzüge, so vereinigt, möchten sich kaum in einem anderen

100

größeren Werk von Bitzius wiederfinden und machen aus „Geld und Geist" eine Dichtung, auf welche Bitzius stolz sein konnte. Dennoch befriedigte ihn das Werk nicht, und er nannte es unvollendet.

Ein weniger zutage liegendes Motiv des Buches, doch im Titel angedeutet, war der Zweck, Geiz und Habsucht, die Leidenschaften ungebildeter Geister, in ihren ersten Anfängen und ihrem unmerklichen Fortschritt zu zeichnen. Die tiefste Quelle des Zerwürfnisses in dem ersten Teil liegt allerdings darin, daß die sehr haushälterische Anneli ihrem Manne den durch seine Nachlässigkeit erlittenen Verlust der fünftausend Pfund nicht verzeihen, die Sache nicht verschmerzen kann und diese Gedanken über ihre sonst so edle Seele Meister werden läßt.

Von ganz verschiedener Physiognomie und Anlage ist das in den Jahren 1843 und 1844 erschienene Werk in zwei Bänden: „Wie Anne Bäbi Jowäger haushaltet und wie es ihm mit dem Doktern geht." Dieses Buch, dessen Titel so prosaisch als möglich und wenig einladend ist, hat im ganzen (obwohl es teilweise auch begeisterte Anhänger fand) weniger als andere Glück gemacht und die Gunst desjenigen Publikums, welches Bitzius' Bücher am eifrigsten las, nur in geringerem Maße erlangt. Man hat demselben nicht mit Unrecht und mehr als anderen Schriften des Verfassers den Vorwurf allzu großer Breite und Formlosigkeit gemacht. Dasselbe enthält eine Menge Diskussionen und weit ausgesponnene Gespräche über Dinge, die nicht alle gleich interessieren. Es enthält, wie der „Schulmeister", viele besondere Beziehungen auf bestimmte Lebensberufe. Dieser Ausstellungen ohngeachtet gehört „Anne Bäbi Jowäger" zu den ernstesten und durchdachtesten sowie zu den reichhaltigsten Produktionen von Bitzius, und man findet, wenn man nicht bloß auf der Oberfläche haften bleibt, sondern das Buch gründlich durchstudiert und von den strengen Forderungen, die man an ein Kunstwerk zu machen hat, absieht, große und wichtige Seiten in demselben, die namentlich den Staatsmann und Psychologen, auch den Theologen, am meisten anziehen und interessieren müssen, und die Bitzius in keinem anderen Werke darstellte. Sie durften gleichwohl in seiner reichen Bildergalerie aus dem Leben des Volkes nicht fehlen und enthalten ganz neue Charaktere und Situationen. Wenn der Verfasser in der Vorrede zum „Bauern= spiegel" „von dem Widerschein anderer Stände in das Leben der Landleute" und von der Mitschuld solcher Stände an den Gebrechen ländlicher Zustände spricht, so hat er in „Anne Bäbi Jowäger" diese Mitschuld an wichtigen Verhältnissen und Berufen gezeigt und die Wechselwirkung zwischen solchen Zuständen und dem Betragen der zur Belehrung des Volkes Berufenen in ihrem Verkehr mit dem Volke sehr plastisch nachgewiesen.

Das Buch war zwar eine Gelegenheitsschrift und die äußere Veranlassung dazu ein Wunsch der damaligen bernischen Regierung, namentlich der oberen Sanitäts= oder Medizinal= behörde, Bitzius möchte mit der Gewalt seiner Darstellungsgabe einem Krebsschaden des Landes, der stets üppiger aufschießenden und wuchernden Pfuscherei in der Medizin, dem Scharlatanismus und dem tausendfachen Aberglauben auf diesem Gebiet recht ernstlich zu Leibe gehen und dem Volke eine Belehrungs= und Warnungstafel gegen diese Pest hinstellen. Bitzius ging auf den Gedanken ein, blieb aber nicht dabei stehen, sondern erweiterte sich sogleich Ziel und Aufgabe und beschloß, das Übel in seiner Wurzel anzugreifen. Er unternahm es, durch sein Buch zu zeigen, wie der Hang des Landvolkes zur Pfuscherei und ihre häufige Vorliebe für Winkelärzte nicht als eine isolierte, für sich bestehende Erscheinung zu betrachten sei, sondern mit dem rohen, unwissenden und abergläubischen Sinn, mit kraß materiellen Vorstellungen, mit dem zähen Hang zur Festhaltung ererbter und traditioneller Vorurteile und dem daraus entstehenden Widerwillen gegen alles, auch das vernünftigste Neue, zusammenhänge und zusammen= gewachsen sei. Nur dadurch, daß man diese Wurzel ausschneidet, daß dieser unfreie Sinn aufgehellt, diese träge Gedankenlosigkeit

überwunden wird, kann gründlich geholfen werden. Mit bloß
äußerlicher Polizei, mit den strengsten Gesetzen gegen Pfuscherei
ist wenig getan, wenn nicht durch bessere Belehrung der Sinn
vieler Landleute vom Aberglauben abgewendet und in die ver=
düsterten Gemüter wahres Licht gebracht wird. „Da Haushalten
und Doktern," sagt Bitzius, „genau verbunden sind, eins im
anderen sich spiegelt, so ist man erst dann imstande, ein Anne Bäbi
in seinem Doktern zu fassen, wenn man es in seinem Haushalt zu
ergründen vermag."

Dies ist die eine Seite des Buches; sehen wir die andere. Mit
der Sorge um den Leib und dessen Gesundheit geht die Sorge
um die Seele, das Geistige Hand in Hand; sie laufen parallel.
Das Amt des Geistlichen hat sich mit diesem Gebiet zu befassen.
Heißt er ja doch Seelsorger! Es gibt nun Pfuscherei, Scharla=
tanismus in der Seelsorge wie im Medizinieren. Es war daher
Bitzius nahegelegt, die Pfuscherei in beidem nebeneinanderzu=
stellen und miteinander zu vergleichen. Wir sehen deshalb in
„Anne Bäbi Jowäger" neben der irrationellen, auf Dummheit und
Unwissenheit spekulierenden Heilungsart der medizinischen Pfuscher
und Winkelärzte die leicht auf sektiererische Abwege sich verirrende
Heilsmethode einer gewissen theologischen Richtung geschildert.
Bitzius nennt Pfuscher und Sektierer als ganz verwandte Rich=
tungen nebeneinander und zeigt die Bestrebungen beider, die er
besonders in ihren Folgen darstellt. Sie wachsen auf dem gemein=
samen Boden geistiger Unkultur, begegnen sich auf den Schleich=
wegen, die sie wandeln, und in den Mitteln, die sie gebrauchen,
in betreff welcher sie meist nach dem einfachen Satze verfahren,
man müsse den Leuten den Mund möglichst süß machen. Doch
sehen wir bei der geistlichen Kurmethode oft das entgegengesetzte
Prinzip einer von der Individualität ganz abstehenden doktri=
nären Strenge. Diesen Parallelismus in der Pfuscherei also
erläutert Bitzius durch Beispiele. Der wissenschaftliche, rationelle
Arzt steht gegenüber den gewissenlosen Winkelärzten, und die

christliche Seelsorge des vernünftigen Geistlichen, welcher nach
dem Wahlspruch: In omnibus charitas! handelt, wird der Art und
Weise des verschrobenen Methodisten, seiner steifen Dogmatik mit
großen Worten ohne Wärme, seinem Buchstabenglauben ohne Tat
entgegengesetzt. Der alte Pfarrer, der milde und jovial ist und
ohne Affektation, aber mit Treue und tätiger Liebe sein Amt aus-
übt und, „wenn er auch nicht um Glaubensformen zankte,
doch in Glaubenswerken mit jedem wetteifert", steht neben
dem Vikar, dessen unerfahrener und im Feuer sich nicht bewäh-
render Zionseifer ebenso ungeschickt als verderblich wirkt.

Der Pfarrer stellt aber in einer anderen Beziehung die wahre
richtige Mitte dar zwischen zwei entgegengesetzten Äußersten,
nämlich zwischen dem Vikar und seinem eigenen Neffen, dem
Doktor Rudi. Dieser letztere, ein von Bitzius mit ausgesprochener
Liebe gezeichneter Charakter, steht nicht bloß als rationeller,
gebildeter und gewissenhafter Arzt dem schmutzigen Eigennutz
und Hokuspokus der Afterärzte entgegen, sondern bildet auch
als edler, stets hilfreicher, alles, selbst das Leben, seinem Beruf
aufopfernder Mann den scharfen Gegensatz zu dem mit christlichen Redensarten übertünchten Egoismus des Vikars, der die
Leute durch die heftigste Zerknirschung zu Christus führen will
und das Reich Gottes durch seine methodistische Bekehrungs-
weise zu mehren meint, aber nicht leicht in ein Haus geht, wo die
Röteln regieren, weil ihm seine Mutter gesagt, es sei in ihrer
Familie gar lebhaftes Blut, und er solle sich ja vor Ansteckung
hüten, und der die Gnade Gottes dann am sichtbarlichsten walten
sieht, wenn seine Bewerbung um ein reiches Frauenzimmer
Fortschritte macht. Auf diesen Gegensatz des edlen Menschen,
der kein Orthodoxer ist, gegen den rechtgläubigen und selbst-
gerechten Egoisten hat Bitzius offenbar großes Gewicht gelegt,
wie er denn überall die „Treue" in dem einem jeden gewordenen
Beruf über alles setzt, und von dem Satze nicht abläßt, daß nur
an den Früchten der Baum zu erkennen sei.

Doch auch dieser tüchtige und sich aufopfernde Doktor, der den
Vikar so sehr in Schatten stellt, ist noch nicht d e r Arzt, wie ihn
der Pfarrer, sein Onkel, wünscht, dem Bitzius hier die höchsten
Beziehungen in den Mund legt und dessen hohe Denkungsart
durch die Tochter Sophie unterstützen läßt. Dem sonst trefflichen
Arzt und Menschen fehlt noch die Weihe der höheren Liebe und
der höheren Resignation. Ihm fehlt „der freudige Trost, der das
Leben bald erklärt, bald verklärt‟. Er ist in seinem Tun noch zu
einzig sich selbst und seiner Kunst vertrauend; er handelt nicht
aus einem höheren Geist. Er ist daher oft unmutig und Pessimist
geworden. Er hat den Eigennutz, die Gleichgültigkeit und den Un=
dank der Menschen in seinem Beruf nur zu sehr erfahren, und diese
schlimme Seite der Welt hat sich tief in sein Inneres gegraben
und ist nicht gegen jene höheren Motive zurückgetreten und durch
sie überwunden worden, welche einzig in den menschlichen Be=
rufen volle Klarheit und Festigkeit geben. Diese Bitterkeit ragt
wie ein schwarzer Schatten in sein Leben und läßt ihn nicht zu
einer über sich selbst und die Welt beruhigten Heiterkeit kommen.
Er ist daher ein Extrem wie der Vikar; er will von nichts als
seiner Wissenschaft hören, wie der Vikar alles perhorresziert,
was von seinem dogmatischen Standpunkt abweicht. So ergänzt
der Pfarrer die Standpunkte beider auf eine schöne Weise: er
vermittelt sie, er predigt beiden durch sein Beispiel wie durch seine
Rede das Höhere, das ihnen mangelt, die Duldung abweichender
Meinungen, das wahre Christentum, den humanen Sinn, das
Vergessen seiner selbst beim Wirken für andere, die Bescheidung
in betreff des eigenen Verdienstes. Freilich steht ihm der Doktor
näher als der Vikar; denn er betätigt als edler Menschenfreund
die christliche Gesinnung. Nur ist diese noch nicht von den
Schlacken stolzen Selbstbewußtseins und rauhen Menschenverach=
tung gereinigt. Doch auch diesen Irrtum, „der sein Leben trüb und
stürmisch machte‟, nimmt die letzte Krankheit hinweg. Sein Bild
steht verklärt vor uns, und der letzte Schatten verschwindet mit

dem beruhigten Scheiden des edlen Mannes. Erschüttert geben
wir dem Heimgegangenen das letzte Geleite mit der trauernden
Menge und hören mit Rührung dem tiefbewegten Wort des
bescheidenen alten Pfarrers zu, der das Wirken des Neffen über
das seinige setzt, und dessen Begräbnistag als Ehrentag für dessen
Andenken dem baldigen eigenen Begräbnistag voranstellt, „weil
ihm, dem Geistlichen, weniger Opfer und Entbehrungen auf=
erlegt, weniger Gelegenheit zu augenscheinlichem Wirken gegeben
worden". Treffend bringt auch dieser Schluß des Buches durch
des Pfarrers Rede den Hauptzweck in Erinnerung, dem Volke
ans Herz zu legen, seiner pflichttreuen Ärzte Tun und Treue
auch im Leben und nicht erst im Tode zu lohnen und anzuerkennen,
ihnen das beschwerliche Los nicht durch Bosheit und Unverstand
noch beschwerlicher zu machen und wohlberedte Betrüger von
treuen Wohltätern unterscheiden zu lernen.

So erscheint uns „Anne Bäbi Jowäger" als ein tiefes, viel=
seitiges Buch, das in dieser Vielseitigkeit vielleicht noch nicht
gehörig gewürdigt ist und einen reichen Schatz von Kenntnis
des Volkes sowie treffliche Lehren und Winke für die im Volk
lebenden und wirkenden wissenschaftlichen Berufe enthält. Zwei
Fakultäten, so möchten wir uns ausdrücken, können Bitzius für
dieses Buch Dank wissen. Er hat eine schwierige Doppelaufgabe
mit großem Geschick in demselben gelöst. Besonders wichtig ist
dasselbe, um den religiösen Standpunkt des Verfassers als
Pfarrer zu bezeichnen. In dieser Beziehung ist es eine Haupt=
quelle. Bitzius nimmt hier als Geistlicher eigentlich Position.
Er stellt die wirksame, selbstvergessende christliche Liebe, die
charitas, die „nicht um Glaubensformen zankt, aber in Glaubens=
werken wetteifert", als das Höchste dar. Wo er diese findet, da
ist ihm wahres Christentum vorhanden, mögen diejenigen, die
so tun, sich nennen oder von den Leuten genannt werden,
wie sie wollen. Und wo diese Liebe nicht ist, da ist es ihm mit
den religiösen Grundsätzen schlimm bestellt, ob man nun mit

oder ohne Methode die wahre Frömmigkeit zu besitzen glaube. Die religiösen Parteibezeichnungen gelten ihm daher als ganz wertlos an sich, weil er einen ganz anderen Maßstab anlegt. Der sogenannte Methodist wird ihm ganz recht sein, wenn er im Geist des helfenden Samariters handelt, aber dieser letztere wird ihm über demjenigen stehen, der „um des Glaubens willen einem Hilflosen nicht hilft“ und die christliche Kirche zu einer kleinen, engen, geschlossenen Gesellschaft macht, in welcher man nach Art solcher geschlossenen Gesellschaften die Welt in zwei Hälften teilt, in die drinnen und die draußen, und natürlich über das Himmelreich nur zugunsten seiner Leute verfügt. Bitzius trifft hier mit dem Worte Lessings zusammen, „daß der Mensch zum Tun und nicht zum Vernünfteln erschaffen sei, aber eben weil er nicht dazu erschaffen, dem letzteren mehr als dem ersteren nachgehe“.

An Charakteren ist auch dieses Buch reich, und wir sehen ganz neue Charaktertypen auftreten. Anne Bäbi selbst ist ein trefflicher Originalcharakter, der zu den schwierigsten gehört, die Bitzius zu zeichnen unternommen. Sie steht mit ihrem ganzen tiefliegenden Wesen, mit ihrem Eigensinn, mit der merkwürdigen Mischung von Härte und Gutmütigkeit, Verstand und Unverstand unter seinen Bäuerinnen als einzige Figur da. Das weiche Meyeli erinnert uns in vielem an Mädeli im „Schulmeister“ und ist eins der zartesten, feinsten Frauenbilder von Bitzius. Den Vikar haben wir schon berührt. Auch dieser ist, von einigen Äußerlichkeiten abgesehen, eine ganz typische Figur. Eine neue Erscheinung ist die Pfarrerstochter Sophie, ein schalkhaftes, aber vortreffliches Mädchen, welches den Doktor teilweise ergänzt, und dessen ungezwungenes, schlagfertiges und lebhaftes Wesen den Kontrast zur Steifheit des Vikars um so schneidender macht, und oft zu recht pikanten Situationen Anlaß gibt. Das Pfarrhaus und sein Leben nehmen in „Anne Bäbi Jowäger“ eine bedeutende Stelle ein, und die Schilderung dieses Lebens in seiner Naivetät und Anspruchlosigkeit ist eine freundliche Seite des Buches und bildet

einen heiteren Gegensatz zu dem wunderlichen und verworrenen
Haushalten Anne Bäbis.

Das eidgenössische Freischießen zu Chur (1842) gab Bizius die
Veranlassung zu einer ganz kleinen, erst später im Buchhandel er=
schienenen Schrift: „Eines Schweizers Wort an den Schweizerischen
Schützenverein“, welches auch den Titel führte: „Manifest der
schweizerischen Scharfschützen=Eidgenossenschaft“. Fellenberg hatte
nämlich bei Übersendung seiner Gabe nach Chur, welche in ein
paar Freiplätzen in seiner Armenerziehungsanstalt bestand,
gewünscht, daß das Festkomitee auf einer von ihm gegebenen
Basis ein festliches Wort verfassen lasse, und dazu Bizius vor=
geschlagen, der den Auftrag annahm und eine kleine Schrift
verfaßte, in welcher er mit patriotischem Selbstbewußtsein von
diesen schweizerischen Schützenfesten, den großartigsten im Lande,
spricht, zugleich aber denselben noch höhere Zwecke setzen will.
Der „Schützenverein“, der Vereine natürlicher Vorort, sollte, so
wünscht Bizius, die anderen Vereine als ihr Haupt und ihre
Spitze sammeln, und an dieser so konzentrierten Vereinigung
sollen Fragen gestellt, Aufgaben gegeben, Preise verteilt werden.
Es sollen diese Schützenfeste, die ohnehin schon wegen der Be=
deutsamkeit ihres Gegenstandes und Zweckes als nationaler
Mittelpunkt gelten können, das werden, was die olympischen
Spiele in Griechenland gewesen, wo die Bestrebungen und die
Preise gleich vielseitig waren. Die Vereine sind ihm ein echt
schweizerisches Produkt, das nur in einem freien Lande gedeihen
kann, so wie auch die Schützenkunst als freie Kunst nur in einem
Lande der Freiheit sich zur höchsten Blüte entfalten kann. Diese
nationalen Feste, in welchen das „Selfgovernment“ der Schweizer
so schön hervortritt, sollen so zugänglich als möglich gemacht
werden auch für arme Schützen, zu deren Aussteuer Bizius die
reicheren Schützen auffordert. Nur soll keiner sie auf Kosten
seiner Familie besuchen, weil ohne häusliche Tugend keine
schweizerische, und weil die Wiedergeburt der Schweiz vom Hause,

von der Familie ausgehen muß. Die Schützenfeste sollen Eintracht
wecken und das Gefühl der Zusammengehörigkeit aller Glieder
beleben. Sie sollen als Pfand dieses Sinnes (hier spielt Bitzius
auf Fellenbergs Festgabe an, die, wie gesagt, in ein paar Frei=
plätzen in seiner Armenerziehungsanstalt auf der Rütte bestand)
„an jedem Festort eine Stiftung niederlegen beim Scheiden
und für diesen Ort der geschiedenen Brüder Stelle der Pflegling
füllen, den sie an des Bruders Herz gelegt". Ein glühend patrio=
tischer Geist weht durch dieses Büchlein, und wenn auch die darauf
folgende Zukunft mit ihren Stürmen und Zwisten die Wünsche
des Verfassers mehr als zu jeder anderen Zeit als Träume, als
fromme Wünsche erscheinen ließ und Bitzius selbst sie als solche
bezeichnete, so kann man doch mit ihm ausrufen: „Fromme
Wünsche, hat sie nicht oft Gott erhört? Schöne Träume, traten
sie nie in die Wirklichkeit?" —

In gleichem patriotischem Grunde wie das „Wort an die
Schützen" wurzelt eine andere kleine Schrift, die zwar erst im
Jahre 1846 erschien, die wir aber des Gegenstandes wegen gleich
an die vorige anreihen, nämlich: „Der Knabe des Tell, eine Ge=
schichte für die Jugend", das erste Buch von Bitzius, welches im
Verlag von Julius Springer in Berlin erschien, der seither
Bitzius' einziger Verleger wurde, der so großes Verdienst um die
Verbreitung seiner Schriften hat, und dem wir auch die erste
Gesamausgabe verdanken. Dies Büchlein wurde, wie der Titel
sagt, für die Jugend geschrieben und atmet einen durchaus
reinen und idealen Geist, wie er der Jugend nahetreten soll.
Es ist eine Ausführung der schönen Worte Uhlands:

Edler Geist des Ernstes soll
Sich in Jünglingsseelen senken,
Jede still und andachtsvoll
Ihrer heil'gen Kraft gedenken.

Wie das „Wort an die Schützen" die volle Gegenwart ergreift
und in die Zukunft blickt, so geht der „Knabe des Tell" in die

nationale Vergangenheit zurück, um von dorther Lehren und
Vorbilder heraufzubringen. Die Tellengeschichte ist eine so all=
bekannte und, wir möchten fast sagen, trivial gewordene, daß es
kühn erscheint, wenn Bitzius, nach Schillers einzig schönem
Dichterwerke, es wagt, aus derselben eine Novelle zu machen
und sie in dichterischer Prosa noch einmal zu erzählen. Er erreichte
gleichwohl sein Ziel, weil er hier, wie überall, mit großer Freiheit
zu Werke ging und sich einen ganz eigenen Weg wählte. Er knüpft
nämlich wie im „Wort an die Schützen“ das Nationale und All=
gemeine an das Häusliche, ans Familienleben an, weil ihm
„das Haus“ die Säule des Staates ist. Wir sehen daher Tell als
musterhaften Hausvater, seinen Knaben als musterhaften Sohn,
ehe wir beide als patriotische Urner erblicken. Sie sind das letztere,
weil sie das erstere sind. Die Familie macht sie zu den idealen
Figuren, wie sie im Gedächtnis des Volkes geblieben. Der
Knabe des Tell lebt, wie am Schlusse gesagt wird, „für alle
wackeren Knaben, zeigt ihnen die Wege zu Treu und Glauben,
zeigt, was ein wackerer Knabe dem Vater ist, wie er die Mutter
liebt, und wie er sterben kann fürs Vaterland“. — Es war aus
diesen Gründen für den Dichter notwendig, die Geschichte bis
zum Tode des edlen Knaben fortzuführen und der Erzählung
einen tragischen Abschluß zu geben, weil nur so die ganze
Treue des Helden derselben offenbar werden und sein rühm=
licher Tod den Tugenden des Jünglings zur letzten und höchsten
Bekräftigung dienen konnte. Auch wird durch das Hereinziehen
des Treffens am Morgarten das Interesse des Lesers er=
weitert, welches schon durch die Geschichte der Befreiung der
drei Länder vielfach rege geworden ist.

Bedeutsam ist auch die politische Seite des Büchleins. Es ist
ein Thema über den Text:

„Die schnellen Herrscher sind's, die kurz regieren.“

Die steigende Unzufriedenheit des Volkes, die Erbitterung
gegen Gewalt und Willkürherrschaft der Vögte wird treffend

und psychologisch ganz wahr geschildert. Diese Vögte werden zwar nicht als Ungeheuer, wohl aber als übermütige, gewissen= lose Beamte dargestellt, die ihrem Herrn, wie es immer geschieht, durch blinden Eifer und selbstangemaßte Willkür schaden. In der Erzählung ist Bitzius dem Schillerschen Stück am nächsten geblieben und zeigt, wie dieses, große Lokalkenntnis. Wir finden herrliche Naturszenen in dem Büchlein, darunter die nächtliche Fahrt auf dem Vierwaldstätter See von ganz ossianischer Färbung. Auch das Leben im Gebirg ist schön geschildert und mit Sagen und Märchen geschmückt.

Der „Knabe des Tell" ist wie der „Silvestertraum" und die „Sagen" in gehobenem, pathetischem Stil geschrieben und mag als Beleg für die Begeisterung dienen, mit welcher Bitzius an der alten Schweizer Geschichte und dem Heldenzeitalter seines Landes hing, wie es ihm besonders in Johannes von Müller erschienen war.

Zwischen den beiden letztgenannten Produkten von Bitzius liegt der Zeit der Entstehung nach eine kleine anmutige und humoristische Erzählung, eine Idylle, die zuerst in den elsässischen Blättern erschien, nämlich: „Wie Christen eine Frau gewinnt". Der Charakter derselben ist ganz idyllisch; es ist ein kleiner länd= licher Roman, dessen heiteren Eindruck keine Kämpfe und Drang= sale stören, die in denselben hineinspielen; es ist eine der launigsten und jovialsten Geschichten von Bitzius, in behaglichster Stimmung geschrieben und mit den lustigsten Episoden gewürzt.

In diese Jahre fällt auch eine andere Art schriftstellerischer Tätigkeit von Bitzius, die ihm zwar mehr Feinde als Freunde gemacht, die aber doch nicht ohne Bedeutung war, weil sie eine neue Bahn brechen sollte und von dem Bestreben der damaligen Zeit Zeugnis gibt, immer vielseitiger und unmittelbarer auf das Volk durch Schrift und Wort zu wirken. Wir sprechen von Bitzius' Teilnahme an dem neuen Berner Kalender, der auf Veranlassung und Anordnung der Gemeinnützigen Gesellschaft in Bern heraus=

kam, später Privatunternehmen wurde und sechs Jahrgänge (1840—1845) erlebte. Bitzius war Hauptarbeiter an diesem Kalender. Er hatte sich schon lange mit der Aufgabe eines solchen besseren Volkskalenders beschäftigt und sich über dieselbe an Freunde geäußert. So schreibt er zum Beispiel (Dezember 1838) an einen Freund in Bern, wie er die Sache meine. „Der neue Kalender", sagt er, „soll ein eigener Kalender sein, nicht ‚zusammen= getragen aus Naturgeschichten und anderen gemeinnützigen Lange= weilebehältern'. Aus Rezepten, wie Wanzen zu vertreiben seien, und wieviel Junge die Steinböckin habe, macht man noch keinen ver= nünftigen Kalender. Das kömmt aus jener sogenannten gemein= nützigen Zeit, wo man im Ernste das Leben nicht tiefer nahm als zu Rezepten, und in der jetzt noch unsere Staatsmänner taumeln. Ich möchte in den Kalender Predigten bringen, das heißt hohe Wahr= heiten, aber entkleidet von allem Kirchlichen, gefaßt in Lebenssprache, wie man sie auf der Kanzel nicht duldet." Ein andermal schreibt er an den gleichen Freund: „Im Kalender kommt es nicht so= wohl auf den Stoff an, als daß die Volksseele in demselben wehe."

In dem neuen Kalender schrieb nun Bitzius die verschieden= artigsten Dinge. Vorerst finden sich darin kurze, ernst religiöse und moralische Aufsätze, zum Beispiel über Glaube, Liebe, Sanftmut, Demut usw. in der Art der „Stunden der Andacht", doch von mehr Schwung und Tiefe. Sodann sind Jahreschroniken in demselben, in welchen Bitzius seinem Witz und seiner Laune freien Spielraum gönnt, aber oft in der Sprache sich allzusehr gehen läßt und gemein und geschmacklos wird. Mit den hohen Herrschaften geht er so ungeniert und familiär um, daß, wie uns berichtet worden, der Kalender in Bayern verboten wurde. Endlich enthält der Kalender eine Menge Erzählungen von Bitzius, von welchen manche später in den „Erzählungen und Bildern" abgedruckt worden sind, wie zum Beispiel die „Raben= eltern", der „Mordiofuhrmann", der „Mägdekongreß in Bern", die „Überraschung", die „Jesuitenmission im Kanton Luzern" usw.

Inwiefern nun der Kalender dem von Bitzius selbst aufgestellten Programm entsprochen, können wir nicht beurteilen, da wir in diesen Dingen zu wenig bewandert sind und eine abschließende Meinung hier nicht so leicht ist. Die gehoffte Wirkung scheint jedenfalls das Unternehmen nicht gehabt zu haben. Wirklich sind einige Geschichten, wie zum Beispiel „Das arme Kätheli" und andere, gar zu kraß und konnten das Volk unmöglich erbauen. Auch ist die politische Satire nicht derjenige Ton, den das Volk, welches den Kalender in die Hand nimmt, darin treffen will, da die Tageblätter dergleichen genug zutage fördern. Der Kalender erweckte daher Bitzius, der natürlich nicht unbekannt bleiben konnte, viele Feinde, ohne ihm in besonderem Maße dafür Freunde zu gewinnen. Das Landvolk sah es übrigens ungern, daß Bitzius als Geistlicher einen Kalender schrieb, da auf dem Lande bei uns ein „Kalendermacher" fast wie ein „Spaßmacher" gilt und den Nebenbegriff des Possenhaften für die Menge in sich schließt. — Als Versuch auf einem neuen Gebiet konnten wir diese Unternehmung von Bitzius nicht unerwähnt lassen. Das Kalenderwesen lag übrigens bei uns sehr im argen, und der Versuch des neuen Kalenders bewies die Schwierigkeit, hier zu reformieren. Solange freilich eine so jämmerliche Geschmacklosigkeit in den Abbildungen zutage tritt, wie wir sie noch häufig sehen, ist kaum viel Besseres zu erwarten, als man besitzt. Deutschland hat hierin ganz anderes aufzuweisen.

Diese kleineren Schriften und Produktionen von Bitzius waren, um uns so auszudrücken, nur Zwischenakte und Pausen zwischen der Ausarbeitung größerer Werke. Die Zeit, die immer gärender und bewegter wurde, und von der sich blinzelnd und furchtsam abzuwenden Bitzius der Mann nicht war, veranlaßte ihn bald wieder zu Größerem. Da wir keine politische Geschichte des Kantons Bern zu schreiben haben, so können wir dieselbe bloß insoweit berühren, als sie auf Bitzius Einfluß hatte und zum besseren Verständnis seiner Werke dient. Denn ohne die Kämpfe und

Oszillationen des politischen Lebens in seiner Heimat begreift man Bißius nicht und kann sich nicht auf seinen Standpunkt und in seine Lage versetzen. Ein paar Worte müssen wir daher über jenen Zeitraum bemerken. Die Schweiz nahte sich immer mehr der Krisis der Sonderbundstage und den Begebenheiten, welche den Knoten mit dem Schwert zerhieben, die Bundesverhältnisse neugestalteten und auch in manchen Kantonen eine gänzliche Veränderung der politischen Zustände zur Folge hatten. In Bern war eine Staatsveränderung dem Jahre 1847 vorhergegangen und hatte, was in diesem Jahr geschah, erst möglich gemacht und vorbereitet. Es waren nämlich, wie jedermann weiß, auf die Jesuitenberufung im Kanton Luzern (1844), die wieder teilweise ein Rückschlag der aargauischen Klösteraufhebung von 1841 war, Freischarenzüge gefolgt, und von dem Mißlingen des zweiten dieser Züge vom 31. März 1845 an war die Flut der Bewegung immer gestiegen bis zur Entscheidung im Spätjahr 1847 und der Kriegserklärung gegen die sieben Kantone vom 4. November dieses Jahres. In diesen Zeiten war der Kanton Bern bewegter gewesen als andere. Der zweite Freischarenzug, in welchem derselbe eine Hauptrolle spielte, hatte den schon damals politisch nicht unbedeutenden Anführer Ochsenbein trotz des schmählichen Scheiterns des Zuges, weit entfernt, ihm zu schaden, an die Spitze der Kantonalangelegenheiten und, als Bern Vorort wurde, der eidgenössischen gebracht. Denn im Kanton Bern war durch den Freischarenzug und alles, was vorher und nachher geschah, die innere Fäulnis des Regimentes zutage getreten, welches den Kompaß gänzlich verloren hatte und ohne Steuermann war. Materielle, nie erledigte Fragen, wie die Zehntablösungsfrage, kamen ins Spiel. Eine neue Generation, im demokratischen Fahrwasser einer exaltierten Zeit schwimmend, drängte nach oben, wollte mit den Personen, die am Ruder waren, aufräumen und trieb zu einer neuen Verfassung, die einen radikalen Vorort Bern auf Neujahr 1847 schaffen sollte

und auch nach allerlei Zuckungen und Bewegungen im Jahre 1846
zustande kam.

Bitzius lebte nun mitten in diesen Gärungen und heftigen
Flutungen. Viele Freischaren waren durch Lützelflüh gezogen,
und nach dem Mißlingen des zweiten Zuges war das Emmental,
weil an Luzern grenzend, am aufgeregtesten. Bitzius war dem
Gang der Dinge zu aufmerksam gefolgt, um sich über ihre endliche
Entwicklung und besonders über die Wendung im Kanton Bern
zu wundern. Er konnte, so wie er war, der Mann keiner Regierung
sein. Die Freimütigkeit in seinen Schriften, in welchen die Tor-
heiten und Schwächen seiner Oberen nie geschont und oft derb
verspottet wurden, hatten ihn längst zu einer persona ingrata
gemacht. Er war übrigens kein Politiker im gewöhnlichen Sinne
des Wortes. Er machte nicht Agitation für oder wider diese oder
jene Verfassungsbestimmung, für oder wider bestimmte Gesetze
und Einrichtungen. Das ganz Positive und Spezielle, um welche
das Regieren als Geschäft sich dreht, war ihm fremd und gleichgültig. Er schrieb daher nicht für oder wider eine Regierung,
noch weniger für oder wider bestimmte Personen. Er faßte die
Tagespolitik bloß in ihrem Totaleindruck, in ihrer Gesamtwirkung
auf das Volk, auf das Leben der einzelnen, der Familie, auf
die Sitten und Zustände ganzer Klassen auf, und je nachdem
diese Gesamtwirkung ihm gut oder schlimm erschien, bekämpfte
oder unterstützte er die Politik, aus welcher sie entsprang oder
ihm von seinem Standpunkt aus zu entspringen schien. Er trat
aus dieser von den Bestrebungen der Politiker vom Handwerk
ganz verschiedenen Haltung auch da nicht heraus, wo er stark
polemisch auftrat. Seine Kriegführung, um uns so auszudrücken,
war eine prinzipielle und keine launische, von subjektiven Sym-
pathien und Antipathien diktierte. Er verkehrte daher stets während
der bewegtesten Zeit auf gleich offene und ungezwungene Weise,
in amtlicher und privater Stellung mit Personen, deren politische
Meinungen er bekämpfte, und die ihm in dieser Beziehung scharf

gegenüberstanden. Sein Charakter blieb sich im Leben ganz
gleich, und die Bewegungen der Zeit, so tief sie ihn auch berührten,
brachten ihn nie aus dem Gleichgewicht. Seine Schriften aber,
die sich stets auf die lebendige Gegenwart bezogen, müssen aller=
dings nach der Zeit, in welcher sie entstanden, beurteilt und aus
derselben erklärt werden.

So war der „Geltstag" oder „Die Wirtschaft nach der neuen
Mode" ein Buch, das im Jahre 1846 erschien, ein Kind der be=
wegten Zeit, und Bitzius spricht in demselben zornige und strenge
Worte. Auch nennt er dasselbe in einem Brief an seinen Freund
Maurer selbst ein unerquickliches und sagt folgendes über
dessen Motive: „Dies Buch zeichnet die traurigste Seite unseres
Volkslebens, das Wirtshausleben, hauptsächlich der Wirtsleute,
teilweise auch das der Gäste. In solchen Nestern und von solchen
Leuten wird die Aufregung in unserem Vaterlande erzeugt und
erhalten. Hier entstehen die politischen Ansichten und Richtungen,
und zwar durch brotlose Agenten, verspudelte Krämer und aller
Grundsätze bare Handlungsreisende. Die Zeitungsmacht ist bereits
veraltet. Den meisten der Leute ist es zu beschwerlich, eine Viertel=
stunde etwas zu lesen. Auf diese Kloaken einmal einen hellen,
grellen Schein zu werfen, drängte es mich längst. Manchmal
hilft es, wenn man eine Sache recht beleuchtet, welche man im
Halbdunkel oder im Mondschein für recht schön oder wenigstens
für anständig gehalten. Eine Art vaterländischen Zornes
hat also das Buch erzeugt, um deswillen Du mir ver=
zeihen mußt, wenn die Geißel zu hart geschwungen, die Worte
gar zu tief in Galle und Bitterkeit getaucht scheinen. Das Ding
war dazu noch zwischen den zwei Freischarenzügen geschrieben,
als eben dieser Wirtshauslärm am größten war."

Der „Geltstag" ist, wie der „Bauernspiegel", ein Schatten=
gemälde. Alles ist dunkel gehalten, ohne daß der Kenner deswegen
sagen könnte, es sei dem Leben nicht gemäß. Eine Wirtsfamilie
geht durch unordentliches Haushalten, durch gedankenloses Groß=

116

tun, Schlemmerei zugrunde, und ohne die Großmut des alt=
väterischen Paten der Frau Wirtin wäre diese letztere samt ihren
Kindern nach dem Tode des Mannes und der Versteigerung des
Hauses und der Habe dem Elend verfallen. Der alte „Götti‟
aber nimmt sie auf und sorgt für die noch unverdorbenen Kinder.
Die Mutter bleibt unverbesserlich, ihre Hoffart und Pflicht=
vergessenheit bleiben gleich, und sie geht zuletzt davon und läßt
ihre Kinder im Stich, um einen Windbeutel zu heiraten.

Wir sehen, daß dieser „Geltstag‟ mit seiner nackten Lebens=
prosa sich himmelweit von den sentimentalen Geltstagen in
Jfflands Familienstücken, die uns in der Jugend so sehr
rühren, entfernt ist. Was hingegen dem Buche, namentlich für
den Berner selbst, Interesse verleiht, ist die bis ins kleinste Detail
gehende Kenntnis des ländlichen Geschäftslebens, welches im
kleinen seine große Bedeutung hat. Diese Steigerungen, In=
ventarisationen, Gemeinderatssitzungen usw. sind meisterhaft,
wenn auch sehr breit. Die kleinsten Kniffe und Praktiken, wie
sie etwa unter dem verhandelnden Personal bei solchen Operationen
gang und gebe sind, werden ans Tageslicht gezogen. Namentlich
ist die ganze lange Verhandlung der Versteigerung ein vor=
treffliches Lebensbild, so gemein und burlesk auch alles zugeht.
Bitzius hat in diesem Buche die amtlichen Schreiber, die Geschäfts=
leute und die Handlungsreisenden, seine zarten Freunde, ganz
besonders aufs Korn genommen, und sie mit scharfer Lauge über=
gossen. Auch die Regenten, manche Gesetze und Gebräuche oder
Mißbräuche werden unbarmherzig mitgenommen. Dazwischen
finden wir treffliche Bemerkungen und Diskussionen über manches
Verhältnis, über Kindererziehung, Hauswesen usw. Doch wird
das Buch, wenn sich auch Bitzius' Talent nicht verkennen läßt,
zu denjenigen seiner Schriften gehören, die, schon ihres Gegen=
standes wegen, weniger allgemein interessieren können.

Wenn der „Geltstag‟ sich ganz auf einheimischem Bernischem
Boden bewegt und das Lokale vorherrscht, so war hingegen die

Schrift, betitelt: „Jakobs des Handwerksgesellen Wanderungen durch die Schweiz", die im Jahre 1847 in Zwickau auf Kosten des Vereins zur Verbreitung guter Volksschriften erschien, ein neuer Beweis von Bizius' Vielseitigkeit und von seiner dich= terischen Leichtigkeit, sich in ungewohnte und seinem Lebens= kreise fernerliegende Zustände und Verhältnisse hineinzuleben. Bizius hatte bis dahin meist Landleute geschildert, deren Leben er durch und durch kannte. Nun sollte er die Wanderungen eines Handwerksburschen erzählen und hatte damit einen ihm ganz fremden Stoff zu bemeistern. Das Buch entstand nicht ohne äußere Veranlassung, und namentlich gaben deutsche Bekannte dem nun schon zu einem weitverbreiteten Ruf als Volksschrift= steller gelangten unermüdlichen „Jeremias Gotthelf" den Anstoß dazu. Es war gegen eine Krankheit der Zeit, die freilich, wie so vieles andere, mehr Symptom des Übels als die Krankheit selbst war, nämlich gegen das Klubwesen der deutschen Gesellen, gerichtet, welches sich besonders in der Schweiz, die bekanntlich weder ein Polizeistaat ist noch einer sein kann, frei ausbilden konnte, und zuweilen so arg getrieben wurde, daß internationale Verlegenheiten entstanden und die Schweiz ihr schnöde miß= brauchtes Gastrecht den Fremden zuweilen auf nachdrückliche und derbe Weise in Erinnerung bringen mußte. Es hat sich auch immer in der Geschichte gezeigt, daß dies Klubbistenwesen, namentlich unter Wandergesellen, Flüchtlingen usw., weit entfernt, die Impulse zu großen Bewegungen zu geben, gegen solche letzteren, wo sie als notwendig und berechtigt auftreten, gehalten, zu armseligen und erbärmlichen Prellereien zusammenschrumpft, durch welche manche Tasche geleert, manch kleines Profitchen gemacht, auch einiger Schaden gestiftet werden kann, aber nie etwas nur halbweg Dauerndes entstanden ist. Vor solchen Netzen die Ehrlichen und Klugen zu warnen und ihnen die Nichtigkeit und Hohlheit der ganzen Maschinerie zu zeigen, war der Zweck von Bizius' Buch. Dasselbe ruht auf dem schönen und festen

Grunde deutscher bürgerlicher Ehrenfestigkeit und Arbeit=
samkeit. Es ist ganz im Geiste Riehls geschrieben, der das
Gesellenproletariat als Abart des kernhaften, tüchtigen Hand=
werkerstandes darstellt und den letzteren wieder zu der alten
Solidität und Standesehre zurückrufen will.

Gleich anfangs wird die traditionelle Ehre des Handwerker=
hauses treffend dargestellt durch die an der Wand hängenden
drei Familienfelleisen, das urgroßväterliche, großväterliche und
väterliche. Der tüchtige Bursche soll als Zeichen gutangewendeter
Wanderschaftszeit sein Felleisen zurückbringen, wie einst der
Ritter seinen Schild aus dem Kriege. Die treffliche Großmutter,
ein Bild deutscher bürgerlicher Kernhaftigkeit, entläßt den Groß=
sohn in die weite Welt mit nicht minder weisen Worten als der
Hofmann Polonius im „Hamlet" seinen Sohn Laertes. Allein
Jakob ist kein Laertes. Von Natur zwar gutmütig, aber von
einer Weltunkenntnis und Selbstüberschätzung, die ihresgleichen
sucht, muß er auf weiten Umwegen und durch die Schule der
herbsten Prüfungen zum Verstande kommen und den Becher
des Irrtums bis auf die Hefe leeren, ehe er den Wert vernünftigen
und ehrenhaften Tuns einsehen lernt und aus einem liederlichen,
charakterlosen, jedem Winde preisgegebenen Gesellen ein mann=
hafter und achtungswerter Bursche wird, der mit Schillers
wackeren Gesellen sagen kann:

Ehrt den König seine Würde,
Ehret uns der Hände Fleiß.

Der Schauplatz von Jakobs Irrfahrten und Querzügen ist,
wie der Titel verkündigt, die Schweiz und in derselben das
damals grassierende Kommunisten= und Sozialistenwesen in den
von Fremden gestifteten und geleiteten Gesellenvereinen. Auf
das Treiben dieser Klubs, ihr boden= und grundsatzloses Wesen,
werden grelle Schlaglichter geworfen und am Beispiel des
Gesellen Jakob auf treffliche Weise gezeigt, wie die Verführungs=
künste in diesen Eintagsgenossenschaften getrieben, die Dummen

und Ehrlichen gefangen werden und entweder elend zugrunde
gehen oder erst durch großen Schaden gewitzigt werden. Jakob
treibt sich in der ganzen westlichen Schweiz umher, in welcher
dieses Gesellenklubwesen besonders blühte, und macht die de=
mütigendsten und trübsten Erfahrungen. Er ist aber von gutem
Kernholz und kommt durch, und einmal durch eigene Erfahrung
gewitzigt, geht er schnell vorwärts auf dem Weg der Vernunft.
Der nackte, sich selbst zerstörende Egoismus der kommunistischen
Systeme wird an Jakobs Grundsätzen, die er aus den Gesellenvereinen als Weisheit eingesogen, treffend ins Licht gesetzt.
Alle Systeme des Egoismus müssen sich gleichen und laufen
auf eins hinaus. Der vornehme Egoist in Bulwers „Night
and morning“, Lord Lilburne, hat den Satz: „Habt so wenig
Bande als möglich!“ ¹) zu seiner Lebensdevise erkoren, und der
angehende Kommunist Jakob kommt aus seiner Umgebung,
die zwar äußerlich eine ganz andere ist, mit dem gleichen Grund=
satz zurück: Man muß nichts und niemand liebhaben; denn wenn
man sich von dem Liebgehabten trennen muß, so ist man wegen
dieser Liebe übler daran, als wenn man sich um niemand be=
kümmert. Dies so geheißene System wird durch Jakobs Erfahrung
selbst widerlegt und, als er es zwar praktisch abgelegt, aber in
der Theorie noch verficht, von dem Oberländermädchen Eiseli
ad absurdum demonstriert. Eiseli findet es nämlich an dem sonst
braven Burschen mit Recht widersinnig, wenn er alle Liebe im
Interesse freier Bewegung im Leben abgetan wissen will und
gleichwohl vom Heiraten spricht und Anträge macht. Daher denn
die kernhafte Großmutter dem rückgekehrten und belehrten Jakob
gleich ins Gesicht sagt, „das müsse ein rechtes Mädchen sein, die
möchte sie noch einmal sehen und ihr danken, daß sie ihn wieder
zur Religion gebracht und nicht zum Manne genommen, da
er vor ihr immer der dumme Jakob hätte bleiben müssen“.

---

¹) Have as few ties as possible.

Auch in diesem Buche zeichnet Bitzius meisterhafte Charaktere.
Seine Hauptfigur, Jakob, ist mit einer Sicherheit angelegt und
durchgeführt, die wir bewundern müssen. Der deutsche Handwerks=
geselle, besonders der des Mittelalters, ist zwar längst in der
schönen Literatur, besonders in der Almanachliteratur, als poetische
Figur benutzt worden, und das Wandern der Gesellen bietet
dem Dichter eine nie versiegende Quelle von Situationen dar.
Bitzius aber läßt auch hier alles Romantische und bloß Pikante
beiseite. Es ist, als hätte er sich selbst zu dem Kunststück heraus=
gefordert, diesen Jakob als einen ganz trivialen Bengel, einen
Alltagskerl, den man wegen seiner Dummheit oft mit Schlägen
traktieren möchte, in die Welt hinausmarschieren zu lassen und ihm
das großmütterliche: „Jakob, du bist ein Esel und bleibst ein Esel!"
so recht an die Stirne zu schreiben und gleichwohl den Leser für
ihn zu interssieren. Dies Kunststück ist ihm wirklich gelungen.
Wir folgen dem prosaischen und aberwitzigen Gesellen, der uns
durch das „wilde Leben" oder vielmehr durch alles mögliche
Triviale und Flache hindurchschleppt, durch die widerwärtigsten
Liebschaften und schmutzigsten Kneipen, und dessen Abenteuer,
wie dem Leser zum Verdruß, alle von der gemeinsten Sorte und
dem derbsten täglichen Leben entnommen sind, mit Interesse
auf seinen Kreuz= und Querzügen und legen am Ende das Buch,
das ganz in „hagebuchener Schweizerart" geschrieben ist, mit dem
Gefühl aus der Hand, überall die Prosa des Lebens wieder=
gefunden und doch aus dem Ganzen einen echt dichterischen
Eindruck empfangen zu haben. Es ist eine merkwürdige Mischung
von Prosa und Poesie. Plattes und Tiefes, Liebliches und Ab=
stoßendes, Zartes und Allergröbstes liegen dicht nebeneinander.
Aber Bitzius hat hier wieder ins volle Menschenleben hinein=
gegriffen, das ein jeder lebt und nur wenige kennen, und auf
jedem Blatte finden wir das so trotzige und so verzagte menschliche
Herz. Wir können die Gefühle des wandernden Burschen mit=
empfinden, wenn er als halber Bettler, düster und aussichtslos

seine Morgenwanderung in der Kälte beginnt oder von Neid und Genußsucht gequält die ganze Welt verwünscht und doch, wenn auch nur dunkel, die Verkehrtheit und Nichtigkeit seines Treibens erkennt. Und wir empfinden wieder mit ihm, wenn Gefühle ganz anderer Art in ihm rege werden und fluten, wenn sich ihm in Lauterbrunnen das Tal verengt, die Berge sich zusammenziehen und die Majestät der einsamen Gebirgswelt mit ihrem Tosen, Rauschen und Donnern sein ganzes Wesen ergreift und ihn seine Kleinheit und Unmacht erkennen läßt, oder wenn er mit hellem, geläutertem Geist und dem Bewußtsein, ein neues, besseres Leben zu leben, in den frischen Morgen hinauszieht und die Stätten wieder aufsucht, welche Zeugen gewesen waren seiner törichten Tage. Eine wunderbare Frische der Natur und Wahrheit der Empfindung ist überall in dem Buche, und der wandernde Bursche mit seinen Irrungen und Läuterungen wird uns ein lieber Geselle, weil wir in anderen Lebenskreisen an dem gleichen bewegten und beweglichen Menschenherz gleiches erfahren. Die sonst ganz unzusammenhängenden Lebensbilder mit ihrem flüchtigen, schnell vorüberrauschenden Inhalt knüpfen sich alle an Jakob und die Entwicklung seines Charakters und erhalten dadurch Wert und Einheit. Jakobs Wanderungen sind daher eines der gelesensten Bücher von Bitzius geblieben und haben namentlich unter den arbeitenden Klassen des Volkes vielen Anklang gefunden. Auch schreibt er seinem Freund Maurer, es habe ihn besonders gefreut, daß sein Buch auch von den Soldaten viel gelesen werde.

Wir haben es ein Wagstück von Bitzius genannt, daß er einen so alltäglichen und ungeschlachten Gesellen wie Jakob zum Held einer Erzählung machte. Allein er tat einen noch kühneren Wurf mit der darauf folgenden Schrift: „Käthi, die Großmutter, oder der wahre Weg durch jede Not", die im Jahre 1847 herauskam. Oder dürfen wir den Dichter nicht kühn nennen, der eine arme, alte Frau, die ihr tägliches Brot durch unausgesetzte Arbeit

122

erkämpfen muß, die durchaus mit keinen Vorzügen des Geistes
ausgestattet ist und auch nicht durch das Interesse, das sich an
ihre Umgebungen knüpft, fesseln kann, zur Heldin einer großen
Erzählung macht und dabei gewiß ist, den Leser nicht einen
Augenblick zu ermüden, sondern ihn fortwährend aufs höchste
zu interessieren? Dies ist wirklich bei „Käthi“ der Fall. Die Erzählung hat eigentlich keinen Knoten, der entwickelt werden soll;
die Heirat des Sohnes liegt durchaus nicht in der Anlage des
Buches als notwendige Lösung. Die Großmutter absorbiert das
Interesse der Lesenden so, daß die Schicksale des Sohnes Johannes
nur als Nebensache in Betracht kommen und nur durch ihren
Bezug auf Käthi Bedeutung erlangen. Ein altes Mütterchen,
mit allen großmütterlichen und mütterlichen Schwachheiten, ein
verwöhnter kleiner Junge und zwei Hühner, ein schwarzes und
ein weißes, das ist gleichsam die Staffage des Bildes, die Familie,
um welche die Erzählung sich dreht. Wie mancher würde verzweifeln, wenn ihm aufgegeben würde, aus diesem Stoff einen
Roman oder auch nur eine halbwegs anziehende Erzählung zu
machen! Bitzius hingegen weiß aus diesen Elementen, aus diesem
Stoff, den man fast armselig nennen möchte, wenn es für den
wahren Dichter etwas Armseliges, das heißt etwas zu Kleines
gäbe, einen solchen Reichtum des Lebens zu entfalten, ein so großes
psychologisches Interesse an denselben zu knüpfen, so tiefe Beziehungen aufzufinden, die Umgebung so poetisch zu gestalten,
daß dieses Buch einer der großen Triumphe des Verfassers
geworden und, wenn es in anderen Beziehungen neben „Uli“,
dem „Bauernspiegel“ oder „Geld und Geist“ genannt wird, in
jener Rücksicht, nämlich als Beleg der Kunst, aus möglichst ein-
fachem Stoff möglichst viel zu schaffen, ganz einzig dasteht und
den ersten Rang behauptet.

Auch „Käthi die Großmutter“ wurde hervorgerufen durch die
Bewegungen der Zeit. Bitzius korrespondierte mit einem französischen Geistlichen über den Sozialismus und dessen Folgen,

und die Diskussion dieses Themas brachte ihn auf den Gedanken, gegen diesen in Neid und Genußsucht wurzelnden und daher stets seines Zweckes verfehlenden Sozialismus oder, wenn man will, Kommunismus zu schreiben, und zwar in seiner Weise, durch Aufstellung des Beispiels eines rechtschaffenen Armen, der ohne diesen Neid und diese Genußsucht, die dem Armen als Heil= mittel zur Verbesserung seiner Zustände angepriesen werden, seinen ehrenwerten Weg durchs Leben findet und durch Be= harrung überwindet. Bitzius verkennt gar nicht, daß an dem moralischen Zustand der Armen, an jenem neidvollen und begehr= lichen Wesen, das oft ihre Kraft unfruchtbar aufzehrt, die Art und Weise, wie die sogenannten untersten Klassen im Staate behandelt werden, große Mitschuld trage. Er sagt im „Schul= meister“ mit tiefem Ernst: „Die ganze Welt wische die Schuhe an diesen Menschen ab und lasse ihre Laune an ihnen aus, und man fordere eigentlich nur das Halten zweier Gebote von ihnen: daß sie nicht stehlen und nicht töten. Die vier ersten wende man gar nicht auf sie an; vom fünften nur die Auslegung des Heidelbergers, daß sie Meisterleuten und Obrigkeiten getreu seien, über das siebente drücke man die Augen zu, zur Übertretung des neunten fordere man sie auf, und wenn sie das zehnte halten wollten, würde man sich über sie lustig machen, indem man ihnen den G'lust von Herzen gönne und sich ergötze an selbigem, wenn sie nur die Sache selbst nicht kriegen.“ Man kann dies auch im ganzen „Käthi“ zwischen den Zeilen lesen, wie es in der „Armennot“ offen ausgesprochen ist, daß die übrigen Klassen der Gesellschaft, wenn die Armen besser werden sollen, sich um sie bekümmern müssen, und daß mit Wohltätigkeit allein noch wenig ausgerichtet sei. Von diesem Gesichtspunkt aus erscheint die ehrliche alte Käthi noch achtungswerter und, wir möchten hinzusetzen, für uns anderen noch beschämender. „Der alte Gott lebt noch!“ ist Käthis Wahlspruch; aber sie legt dabei die Hände nicht in den Schoß, und der Grundsatz: Ich muß das Meinige tun!

ist die Ergänzung jenes Spruches. Ohne alle Sentimentalität,
die oft bei innerer Kälte durch Schilderung der Zustände des Armen
nur Effekt machen will und zu diesem Zweck noch Übertreibung
zu Hilfe nimmt, schildert Bitzius in dieser bescheidensten Hülle
ein edles Leben, das durch bitteren Kampf hindurch sein ärmliches
Fahrzeug steuert, nie den Mut und den Glauben verliert und
der nur am Glänzenden hängenden und nur im Glänzenden
das Große suchenden Welt zeigt, daß der wahre Wert in äußeren
Dingen nicht, sondern in der eigenen sittlichen Kraft und in der
Gesinnung liege, die den Grundton unseres Lebens ausmacht.
Käthi ist die „alte Waschfrau“ von Chamisso. Man könnte
dieses herrliche Gedicht dem Buch von Bitzius als Motto oder
Text vorsetzen. Auch Käthi

hat stets mit saurem Schweiß
Ihr Brot in Ehr und Zucht gegessen
Und ausgefüllt mit treuem Fleiß
Den Kreis, den Gott ihr zugemessen.

Das sittliche Interesse, der Respekt, den uns die alte Frau
bei allen ihren kleinen Schwächen und trotz ihres unpädagogischen
Verfahrens mit dem Jungen durch die ganze Erzählung einflößt,
ist so groß, daß wir am Schlusse mit Chamisso ausrufen möchten:

Und ich an meinem Abend wollte,
Ich hätte diesem Weibe gleich
Erfüllt, was ich erfüllen sollte,
In meinen Grenzen und Bereich.

Das Häuschen an der Emme, welches Bitzius mit einer so
lebendigen Szenerie zu umgeben wußte, welches bald friedlich
und im Sonnenschein uns entgegenlacht, bald von gewaltigen
Naturkatastrophen bedroht wird, existiert wirklich. Auch hier,
wie in der „Wassernot“ treten uns diese Naturereignisse in über=
wältigender Anschaulichkeit entgegen. Um so trefflicher ist der
Kontrast derselben mit der Freiheit des Menschen, mit Käthis
ungebeugter sittlicher Kraft. Das ist die große Seite des Buches.

125

In keinem anderen von Bitzius ist eine so köstliche Frucht in so
unscheinbarer Schale enthalten. „Käthi die Großmutter" ist daher
außerordentlich beliebt und weit und breit bekannt geworden.
Es wäre nach dem Gesagten eine Verkennung der tieferen Be=
ziehungen des Buches, wenn man dasselbe nur als eine Art
Aufruf an die Reichen zur Wohltätigkeit und Unterstützung Not=
leidender ansehen wollte. Es ist ein Buch, welches studiert werden
muß, um den tiefen Gehalt ganz zu erkennen.

Käthis Sohn, Johannes, stellt gegenüber seiner Mutter, dem
Bilde rechtschaffener, neidloser und tätiger Armut, das un=
zufriedene Proletariat dar. Er ist von Neid und Haß gegen die
Besitzenden erfüllt, unzufrieden mit sich selbst und anderen, immer
anspruchsvoll und mißtrauisch. Sein störrischer Sinn wird endlich
durch die schwere Verletzung, die er von der nächtlichen Rauferei
davonträgt, und die herben Prüfungen, die ihre Folge sind,
gebrochen und er nachher durch die Liebe des tüchtigen Mädchens
Bäbeli wieder mit dem Leben ausgesöhnt, so daß er, wie Jakob
der Wandergeselle, ein ganz anderer wird und ein neues Leben
beginnt. Alle anderen Nebenfiguren, vom kleinen Johannesli
bis zum geizigen und dabei mit Freisinnigkeit prahlenden Großen=
bauer im G'strüpp sind, wie immer, aus vollem Holz geschnitten.
Die Base und die Wirtin sind prächtige Bäuerinnen, zum Regi=
ment geschaffen und dabei richtig fühlend und wohlwollenden
Sinnes. Die politischen Anspielungen stören uns in Käthi mehr
als sonst, weil sie als ein Fremdartiges erscheinen und wir den
Eindruck Käthis lieber ganz rein hätten. Doch sind sie nicht gehäuft.

Bitzius predigt uns auch in „Käthi" durch das Leben selbst,
was not tut. Seine Predigt ist in seiner Dichtung enthalten.
Er zeigt den Kompaß durch Flut und Stürme. Er ist von der
Zeit nicht verbittert. Ernst und ruhig steht er in Käthi dem
sozialistischen Treiben entgegen. Die Sonne blickt überall bald aus
den Wolken hervor. Der Horizont erheitert sich, und die beiden
Orkane, die Wassernot und die Erdäpfelkrankheit, die so be=

drohlich in Käthis Leben hineinragen, gehen vorüber. Das
heimatliche Häuschen mit seiner traulichen Umgebung, der grünen
Flachspflanzung und dem übrigen kleinen Anbau steht zuletzt
gesichert vor uns, wie in hellem Abendglanze; außen und innen
ist Friede. Es ist ein herrlicher Schluß, wie der Abend eines heißen
langen Sommertages.

Auch für den religiösen Standpunkt von Bitzius ist „Käthi
die Großmutter" wichtig, und wir werden sie, wenn wir den=
selben besprechen, nicht übergehen. Wir hätten an Käthis Christen=
tum wenig auszusetzen. Sie ist eine gottesfürchtige, gottver=
trauende Frau, die schlicht und recht das tut, was sie für Pflicht
hält, und damit Punktum. Sie spricht aber wie andere Leute
und geht in keine Versammlungen, obwohl sie im Emmental
die beste Gelegenheit dazu hätte. Vor dem Herrn Vikar in „Anne
Bäbi Jowäger" würde sie kaum gerecht erfunden werden. Sie
aber, die einfältiglich und aufrichtig auf den alten Gott vertraut,
der alles zum Besten wenden werde, könnte den Herrn Vikar,
der, um sie bei einem großen Unglück zu trösten, damit anfinge,
sie zu einer todwürdigen Sünderin zu stempeln, ebensowenig
begreifen als die schwermütige Anne Bäbi, die sich über der
Zerknirschungstheorie des jungen geistlichen Herrn „hintersinnet".

Zwischen „Käthi der Großmutter" und „Uli dem Pächter",
welche 1849 erschienen, liegen zwei kleine Schriften von Bitzius,
von einem unter sich ganz verschiedenen Stoff und Gepräge,
die wir nur flüchtig berühren wollen. Die eine davon: „Die
zwei Erbvetter" hat zwei miteinander kontrastierende Genre=
bilder zum Gegenstand. Das Thema derselben, ein paar tausend
Jahre alt, sind zwei reiche Männer ohne Noterben und nahe
Verwandte, deren letzte Tage und Lebensschluß durch ihren
Charakter und den Geist bedingt sind, in welchem sie als Reiche
handeln, in welchem sie ihr Gut verwalten. Der eine, der geizige
Harzerhans, verhaßt und verachtet, erfüllt uns durch sein ein=
sames, von aller Welt verlassenes Sterben mit wahrem Grausen,

während uns der andere, der treffliche und wohlwollende, aber
welterfahrene und schlaue Kilchmeier durch das schöne Bild
seines heiteren und sonnigen Lebensabends und durch die Har=
monie erquickt, in welche ihn sein edler Charakter mit seiner ganzen
Umgebung bringt. Die Charakterzeichnung dieses „Erbvetters“ ist
eine der meisterhaftesten von Bitzius. Es ist unmöglich, aus so
wenigen und einfachen Zügen ein treueres und wahreres Bild
zu geben als diese einzige Figur des reichen und milden und dabei
so bewußten und konsequenten Emmentalers.

Die andere Schrift: „Doktor Dorbach, der Wühler“ ist eine
Art Gegenstück oder vielmehr Nebenstück zu „Jakobs Wan=
derungen“ und schildert den verkommenen und durch seine Ver=
kommenheit zum Wühler gewordenen Literaten so wie Jakob den
bloß verführten und durch Schaden klug gewordenen Handwerks=
burschen. Doktor Dorbach, der in vielen Zügen Porträt sein soll,
ist eine unendlich widrige, nur in seiner Anmaßung und seinem
Bettelhochmut oft höchst komische Figur. Das Burleske ist freilich
hier gehäuft, und der Schluß, in welchem wieder die im „Dursli“
vorkommende Sage der sieben Bürglenherren und ihrer wilden
Jagd zum Besten gegeben wird, läßt wegen des allzu Phan=
tastischen kalt. Sonst aber ist das Büchlein eine nach dem Leben
gezeichnete und durch naheliegende Erfahrungen veranlaßte
Satire auf die Gemeinheit und Nichtsnutzigkeit dieser spezifischen
Art von Demagogie und auf die Leichtgläubigkeit und Flachheit
derer, welche einem so lächerlichee Apostolat mit offenen Mäulern
zuhören und solche Bauchrednerei im unfigürlichsten Sinne für
Freisinnigkeit nehmen.

Im Jahre 1849 erschien „Uli der Pächter“ als Fortsetzung
und zweiter Teil von „Uli dem Knecht“. Beide Bücher sind trotz
der großen Verschiedenheit der Zeit, in welche jedes derselben
fällt, wie aus einem Guß geschrieben und an Geist, Gehalt und
Physiognomie einander völlig gleich. „Uli der Pächter“ entstand
in einer außerordentlich bewegten Zeit, in welcher die Welt im

128

großen auf den Ausgang gewaltiger Katastrophen gespannt war
und in Bißius' Heimatkanton alles auf einen erneuerten Partei=
kampf und heftige Krisen hindeutete. Gleichwohl fühlen wir
„Uli dem Pächter" die Aufregungen der Zeit durchaus nicht an.
Bißius läßt hier alle Politik beiseite und führt uns in das Bauern=
haus in der Glungge zurück, wo das große Weltschicksal nicht
hinaufreicht und nur der Lebensgang der uns aus „Uli dem Knecht"
bereits bekannten Personen sich aus ihren Handlungen und der
frei gewählten Bahn nach unumstößlichen Gesetzen entwickelt.

Uli geht in seiner neuen „sozialen Stellung" als Pächter neuen
und bitteren Kämpfen entgegen; aber er hat in dem „feldherr=
lichen" und doch so liebevollen Vreneli den schützenden Engel
gefunden, der sein strauchelndes Leben immer wieder aufrichtet
und ihm den Kopf über dem Wasser hält. Auch genügt Vrenelis
liebevolle Leitung noch nicht. Die härtesten Prüfungen müssen
dazu kommen, um Uli, der ganz in Erwerbsucht, der Klippe un=
ermüdlich arbeitsamer Naturen, aufgeht und dadurch in allerlei
Versuchung und Stricke fällt, auf den besseren Weg zurück=
zubringen. Denn selbst einen höchst ungerechten Handel hat er
sich zuschulden kommen lassen, auf welchen die härtesten Schläge
wie ein Gottesgericht folgen. Doch Ulis „Treue" siegt, und während
die Familie Joggelis, die durch den Tod der trefflichen Glungge=
bäurin ihres einzigen Haltes beraubt wird, dem unvermeidlichen
Ruin zueilt und aus schlimmem Samen die schlimmere Ernte
entsteht, wendet sich endlich Ulis Geschick mitten aus neuen Be=
drängnissen, die für ihn aus Joggelis Tod entstehen, unerwartet
zum Besseren, und der Tag und Nacht arbeitende Pächter hat
Aussicht, in nicht ferner Zeit ein reicher Bauer zu werden. Bißius,
der sonst die unerwarteten Entwicklungen nicht liebt, gibt
hier eine solche, und Hagelhans im Blißloch erscheint als ein
wahrer deus ex machina, welcher den Knoten von Ulis Schicksal
auf so romatische Weise löst, wie der an solche Wendungen durch
Romanlektüre gewöhnte Leser es nicht besser verlangen kann.

Bigius soll übrigens diese Episode des Hagelhans nur wider=
strebend aufgenommen haben. Freuen wir uns jedoch, daß er
nicht allzu streng gewesen. Wir wären dadurch um einen seiner
genialsten Charaktere gekommen. Denn ein ganz kompetenter
Urteiler sagt von Hagelhans mit Recht, „er bleibe trotz seinem
Gesicht und seinem Hund eine ungeheuer tiefe, großartige
Zeichnung, und es sei einer der genialsten Figuren, die je in einer
Novelle vorgekommen".

Die übrigen Personen in „Uli dem Pächter" sind uns sämtlich
schon bekannt. Nur Vreneli entwickelt erst als Frau den ganzen
Reichtum und die tiefe Seite ihres Wesens, und in Ulis Krankheit
steht sie in voller Glorie da. Ihr Charakter ist von schönstem
Ebenmaß, ohne Härte und ohne Schwäche; sie ist von großem
Verstand und zugleich von lebendigster Empfindung. Alles steht
ihr wohl an. Ein herrliches Bild!

Ihr gegenüber, wie dem Licht der Schatten, steht die verwöhnte,
in jeder Beziehung falsch erzogene Bauerntochter Elisi, die
schon in „Uli dem Knecht" eine bedeutende Rolle spielt und dem
Charakter Vrenelis gleichsam zur Folie dienen muß. Es ist eine
burleskwidrige Figur, die sich zum Adoptivmädchen Vreneli so
verhält wie ihr Vater Joggeli zum Bodenbauer Johannes.
Kein Leser von „Uli dem Knecht" wird jene komische Szene
vergessen, da Elisi mit dem Sonnenschirmchen aufs Heufuder
steigt und nicht mehr herunter kann, bis Uli sie herabholt. In
„Uli dem Pächter" erfüllt sich ihr trauriges Schicksal, welches
man längst ihrer warten sah. Man hat diesem Charakter Ver=
zerrung vorgeworfen. Leider aber ist dies widrige, verkehrte und
verküppelte Wesen nur zu sehr der Wirklichkeit entnommen.
Bigius schreibt daher einem Freund, der ihm diesen Vorwurf
machte, Elisi sei zu sehr Karikatur, zu seiner Rechtfertigung
ganz lakonisch: „Du hast am Solothurner Schießen die Bauern=
töchter nicht gesehen, welche ihre goldenen Ringe über die Hand=
schuhe trugen, einen Regenschirm offen trugen, in der anderen

Hand ein elegantes Sonnenschirmchen und mit grünen Schleiern behaftet waren." „Ich hätte sie anspucken mögen," setzt er derb hinzu.

Eine noch wichtigere Figur ist Elisis Vater Joggeli, der eigentliche Thersites des Buches, von meisterhafter Zeichnung und der unnachahmliche Typus von Charakterlosigkeit mit all den hundert Zügen, die sie in ihrem Gefolge hat. Die ganze Wirtschaft auf der Glungge sieht nach dem Meister aus, und was ihn einzig noch hält, ist seine Frau, die treffliche Base, Vrenelis Erzieherin. Nach ihrem Tod bricht alles zusammen, was schon lange den Einsturz drohte. Diese Glunggebäuerin ist eine jener regierenden Bäuerinnen, die Bitzius so sehr liebt, verständig, klug, gewiegt im Hauswesen, von geradem Sinn und Gefühl, resolut im Handeln, einsichtig im Raten und Überlegen, ein mittlerer Charakter von großer Tüchtigkeit und Wahrheit.

Von den Nebenfiguren sind der Baumwollenhändler und Johannes, Elisis Bruder, von Bedeutung. Der erstere ist ein windiger Prahler und Industrieritter, dessen Bild ebenfalls nicht aus der Luft gegriffen ist, einer von jenen Leuten, die nur auf Abenteuer und Prellereien ausgehen und dumme eitle Mädchen von Elisis Schlag in ihr Garn zu jagen suchen, was ihnen auch gewöhnlich gelingt. Johannes, der Bauernsohn aus der Glungge, ist die bessere Natur von den beiden, von ursprünglich gutem Kern, aber ganz falsch erzogen, den Bitzius nicht ohne Absicht den Bauernstand aufgeben, das väterliche Erbgut verlassen und das zwar in verständiger und fähiger Hand gewinnreiche, aber für halt- und gedankenlose Leute gefährliche Gewerbe eines Wirtes ergreifen läßt. Auch kommt er in wenig Jahren so herunter, daß er beim Tode des Vaters die Glungge in fremde Hände über= gehen lassen muß. —

Ein anderer Wirt, Ulis eigennütziger Freund, bei dem es einmal einen Gevatterschmaus gibt, spielt keine ganz sekundäre Rolle und ist ebenfalls eine von jenen Personen, welchen wir im Leben oft begegnen, die „mit schlauem Verstand, kaltem Herzen und holdseligem Wesen sich ein schön Stück Geld zu verdienen wissen". „Er war", sagt Bitzius drollig und sarkastisch, „ein dicker, schwerer Mann, jeder Zoll an ihm ein Zentner Holdseligkeit, mit welcher man eine große Stadt voll saurer Engländer hätte süß machen können."

Alle diese Figuren gruppieren sich sehr gut um Uli und Vreneli herum, und diese letzteren heben sich aus so vielen halben oder zweideutigen Elementen mit ihrem tüchtigen Willen und besseren Sinn um so schöner hervor. Ob Uli indessen, wie der Verfasser im Vorwort sagt, als jener Meister gelten könne, „welcher in den Banden der Welt lag, und welchen der Geist wirklich frei gemacht", könnte bei dessen vorwiegender und rastloser Erwerbbegierde noch in Zweifel gezogen werden. Doch wäre vielleicht eine andere Bekehrung, als die uns Uli darstellt, in seinen Verhältnissen eine gesuchtere und weniger wahre gewesen. Das ganze Buch hat einen gewissen alttestamentlichen Duft und ist gleichsam ein Kommentar über den Text: „Ich bin jung gewesen und bin alt geworden und habe noch nie gesehen den Gerechten verlassen oder seinen Samen nach Brot gehen."

„Uli der Pächter" ist seines Vorgängers vollkommen würdig und eine der schönsten Schöpfungen von Bitzius. Uli und Vreneli erfreuen uns als unvergängliche Typen und müssen dem Berner insbesondere wegen ihrer Heimatlichkeit und der in ihnen liegenden Darstellung des trefflichen Kernes seines Bauernwesens stets lieber werden.

Die Produktionskraft unseres Bitzius schien unerschöpflich zu sein und stand immer noch in voller Blüte. Denn ein Jahr nach „Uli dem Pächter" trat er schon wieder mit einem neuen größeren Buche hervor, welches den Titel führt: „Die Käserei in der Vehfreude, eine Geschichte aus der Schweiz". Diese größere Erzählung, die einen ziemlich starken Band ausfüllt, ist nicht nur in mancher Rücksicht seinen bedeutenden Schriften beizuzählen,

sondern steht in einigen Beziehungen einzig unter seinen Werken
da. Bitzius tritt nämlich hier aus dem engeren Kreise einer
Familiengeschichte oder einer Erzählung, die sich an die Schicksale
eines einzelnen oder eines Hauses knüpft, heraus und gibt uns
eine Dorfgeschichte im weitesten Sinne, eine Geschichte nicht
aus dem Dorf, sondern des Dorfes, der Gemeinde und ihres
genossenschaftlichen Lebens selbst. Denn die Käsereigesellschaft,
deren Stiftung und erste Blüte der äußere Gegenstand der Er=
zählung ist, und an welcher alle Viehbesitzer des Dorfes teilnehmen,
spiegelt die Gemeinde und ihr Leben selbst ab. Die Dorfgemeinde
selbst, aus den gleichen Hauptpersonen bestehend, wird ganz
dieselben Erscheinungen zeigen wie die Käsereigesellschaft, die
gleichen Zufälligkeiten, Menschlichkeiten, Intrigen und Lächer=
lichkeiten, wie das soziale Leben sie überall, auch in Kollegien
von sogenannten Hochgebildeten, gelehrten und ungelehrten
Senaten und dergleichen, aufweist, und zwar deswegen, weil,
wie Bitzius im Vorwort treffend sagt, „das Leben der Luft gleicht,
die oben und unten gleich ist, nur oben und unten ein wenig
anders, gröber oder feiner gemischt, und weil sich die Menschen
von Natur in sittlicher Beziehung viel näher stehen, als man
ihrem Äußeren nach glauben sollte". — Von „kommunistischem
Treiben einer schweizerischen Landgemeinde mit seinen Toll=
heiten und seinem Trotz", wie ein deutscher Literat es in der
„Vehfreude" dargestellt finden will, haben wir in dem Buche
nichts entdecken können. Es ist eine Aktiengesellschaft, deren
Gegenstand Käserei ist, und die ihrer Natur nach zu allerlei Miß=
bräuchen und Malversationen Anlaß gibt; nichts weiter. In
derselben spiegelt sich allerdings das ganze Dorfleben.

Und in der Tat, wie bewegt und vielgestaltig ist dieses Leben,
das uns die „Vehfreude" darstellt! Wie reich an Charakteren,
Lagen, Verwickelungen, Krisen, Episoden! Wie sicher ist die
Zeichnung der Figuren, auch der unbedeutendsten! Wie gut
sind alle gegriffen! Der Humor des Verfassers ist unerschöpflich,

sein Witz wahrhaft verschwenderisch, und dessen Derbheit wird
feinen Nerven oft zu stark. Und welchen Sprachreichtum, welchen
Schatz von Sprüchen, Wendungen, plastischen Provinzialismen
findet der Sprachkundige und Sprachforschende in diesem Buche!
Die heiterste Jovialität herrscht überall, das Komische und Burleske
ist oft fast zu gehäuft; allein wir staunen über diesen Naturreichtum,
diese üppige Vegetation, wenn wir uns so ausdrücken dürfen.
Wir gehen deswegen über die Mängel, besonders der Form,
über die Grobheit einzelner Ausdrucksweisen leichter hinweg,
weil wir einen gleichsam ungezähmten Naturtrieb walten sehen
und eine solche wilde Kraft mit ihren Auswüchsen uns als das
Seltenere erscheint gegen die Zahmheit und Glätte so vieler
Erzeugnisse gehalten, denen kein produktives und schaffendes
Talent zugrunde liegt. Es wäre uns bei der Notwendigkeit,
den reichen Stoff, den uns Bitzius bietet, zu beschränken und uns
nicht zu weit führen zu lassen, nicht möglich, die vielen Charaktere,
die in dem Buche vorkommen, einzeln zu durchgehen. Ein paar
Worte mögen genügen. Eine Dame von Urteil und Geschmack
hat die Bemerkung gemacht, daß man die besseren Figuren in
der „Vehfreude“, wie Felix und Anneli, lieber herausnehmen
und in eine bessere, weniger schmutzige Umgebung versetzen
möchte. Es ist wahr, die Farben sind grell aufgetragen; allein
diese Hauptcharaktere träten weniger ins Licht, wenn sie nicht
gerade durch Nebenfiguren und Umgebungen von so niedriger
Art kontrastiert würden, wie sich auch im Leben das Gute neben
dem Bösen findet. Auch sind Felix und Anneli nebst ein paar
anderen nötig, um dem Gemälde, das sonst gar zu rembrandtisch
ausfiele und gar zu viel des Trivialen, Gemeinen und eigentlich
Schlechten enthalten würde, sein Licht und seine Sonne zu geben.
Ein vertrauter Freund von Bitzius schrieb ihm von der „Veh=
freude“, es sei ihm denn doch etwas zu viel Dreck und Gestank
in diesem Buch. Dagegen könnte wieder die Bemerkung eines
ausgezeichneten Künstlers gehalten werden, welcher sich gegen

den Verfasser dieser Biographie äußerte, er habe in keinem anderen
Buch von Bitzius so reichen Stoff zu Genrebildern gefunden.

Eine ganz eigentümliche Seite der „Käserei in der Vehfreude"
ist die staunenswerte technische Kenntnis, die Bitzius in betreff
der Käsebereitung, aller bei derselben vorkommenden Mani=
pulationen und des ganzen Geschäftes an den Tag legt. Diese
Darstellung des Technischen wurde ihm lächerlicherweise von
einigen sehr übel vermerkt, als ob er die Eleusinischen Geheimnisse
ausgeplaudert oder sonst eine Geheimlehre der Welt verraten
hätte. Wäre dies der Fall, so müßten die vielen Schweizer Sennen,
die im Ausland zur Käsefabrikation angestellt sind, noch ge=
fährlichere Leute sein. Es werden wohl andere Dinge sein, die
diesen Zorn über die „Vehfreude" erregt haben. Jedenfalls war
er ein ziemlich komischer.

Das kleine Büchlein „Hans Jakob und Heiri oder die beiden
Seidenweber" (es erschien 1851) war eine Gelegenheitsschrift,
veranlaßt durch den Wunsch einiger einsichtiger Freunde aus
Basel, bei den dortigen Seidenwebern, besonders auf dem
Lande, das so nützliche Institut der Sparkassen beliebt zu machen
und dessen Einführung zu befördern, gegen welche noch manches
Vorurteil obwaltete, obwohl einzig dadurch, besondere Fälle
ausgenommen, der fleißige Arbeiter in den Stand gesetzt wird,
sich eine Zukunft zu bauen und aus dem Zurückgelegten einen
verhältnismäßigen Wohlstand zu sichern. Bitzius war wirklich
ein trefflicher Kommentator und Ausleger dieser Einrichtung.
Sein Büchlein ist ganz in der Art von Hogarths fleißigem und
unfleißigem Lehrling angelegt, wenn auch Hans Jakob nicht
Bürgermeister und Heiri nicht gehängt wird. Zwei Webergesellen
in Baselland beginnen nämlich ihre Laufbahn unter gleichen
Verhältnissen, aber mit ungleichem Sinn. Der eine erntet nach
vielen Mühsalen und Anstrengungen die Früchte seines Fleißes,
der andere diejenigen seines Leichtsinns und seiner Trägheit.
Das Thema ist, wie man sieht, ein alltägliches; allein Bitzius

weiß die Lebensläufe der beiden Weber in ihrem natürlichen
Verlauf so gut auseinanderzuhalten, so mit kleinen Episoden zu
schmücken und anmutig zu machen, der Ton des Ganzen ist so
sehr in Franklinscher Weise gehalten, indem Sparsamkeit und
Arbeitsamkeit, verbunden mit moralischen und religiösen Grund=
sätzen, wie vom großen Amerikaner als das Alpha und Omega
vernünftigen Lebensglückes dargestellt werden, daß wir uns
sagen müssen, s o müsse man schreiben, wenn man dem Volk
wahrhaft nützen, dasselbe über seine Bedürfnisse und Zustände
aufklären und im kleinen anfangen wolle zu bessern und zu
helfen, damit es im großen möglich werde. Auch hier erhalten
wir belehrende Aufschlüsse über das Verhältnis zwischen Seiden=
herren und Seidenarbeitern, über die ganze innere Ökonomie
dieses für Basel, Stadt und Land, so wichtigen Gewerbszweiges.
Der eigentliche Zweck des Büchleins, die Empfehlung des Spar=
kassensystems in Baselland, wird ganz unmerklich und fast nur
beiläufig eingeführt und erreicht, indem Hans Jakob oder viel=
mehr dessen Frau durch vernünftigen Rat zur Einlegung ver=
mocht wird; aber die Erzählung drängt so in allen Teilen auf
diesen Kern, die Einprägung haushälterischer Grundsätze, be=
sonders für solche Gegenden von Fabrik= und Hausindustrie
hin, daß sich das Resultat wie von selbst ergibt und wieder das
Beispiel selbst den Prediger macht. Das Büchlein, wir wieder=
holen es, ist ganz im Geiste eines Franklin, und dieser würde
es ein vortreffliches genannt haben.

Bitzius' Geist rastete nimmer, und hätte er auch eine Pause
in seinem Schaffen machen wollen, die Bewegungen der Zeit
hätten ihm keine Ruhe gegönnt. So sind die „beiden Seiden=
weber" wieder nur ein kleines Intermezzo, welchem bald ein
größeres Werk folgte, das unter seinen Schriften eine besondere
Stelle einnimmt, weil es, um mit Bitzius selbst zu sprechen,
„wie kein anderes seiner Bücher von sogenannter Politik
strotzt" und dem politischen Kampf eigentlich gewidmet ist,

während in den meisten anderen Schriften das Politische nicht
Zweck, sondern nur Beiwerk ist. Wir sprechen vom „Zeitgeist
und Bernergeist", der 1852 erschien. Auch dies Buch muß aus der
Zeit, in welcher es geschrieben ist, erklärt werden, wenn man
es richtig verstehen und dem Verfasser, der hier mehr als je
als Privatmann auftritt, nicht unrecht tun will. Der „Zeitgeist
und Bernergeist", der wirklich seiner politischen Polemik wegen
dem Verfasser, außer seiner Kalenderwirksamkeit die meisten
Feinde erweckte, wurde nämlich in der Zeit der heftigsten Par=
teiung im Kanton Bern geschrieben. Im Jahre 1850 hatte dort
ein Umschwung der Dinge in konservativem Sinne stattgefunden.
An die Stelle der radikalen Regierung war eine konservative
getreten, und nun begann von Seite der Partei, welche als
radikale die Opposition bildete, ein Angriff und Kampf innerhalb
und außerhalb des Ratsaales, wie ihn der Kanton Bern in dieser
Heftigkeit und Zähigkeit noch nie gesehen hatte. In diese Zeit
fällt der „Zeitgeist und Bernergeist". Wir werden später bei der
allgemeinen Beurteilung von Bitzius als Schriftsteller seinen
politischen Standpunkt überhaupt näher erörtern und diskutieren,
so daß wir hier, wo wir bloß von einem bestimmten Buche sprechen,
kürzer sein können und nur das zur Erklärung des Buches Nötige
zu sagen brauchen.

Der „Zeitgeist und Bernergeist" ist allerdings eine Gelegen=
heitsschrift oder, wenn man will, eine politische Parteischrift.
Nur müssen wir die Bemerkung wiederholen, daß Bitzius die
Politik nicht vom gewöhnlichen Standpunkt ansah, daß er nicht
Politiker vom Fach, Staatspolitiker, um uns so auszudrücken,
war und auch nie als solcher sich hervortun wollte, sondern bloß
als Republikaner auch in betreff der Politik sich berechtigt und
verpflichtet hielt, für seine Grundsätze, für dasjenige, was er im
Staat für recht und heilsam hielt, mit Rede und Schrift ein=
zustehen und nach dem Solonischen Grundsatz, welcher der wahre
ist, Partei zu nehmen. Er war demnach nicht Politiker aus Lust

und Leidenschaft, sondern bloß notgedrungen, wo er sagen
zu müssen glaubte: „Ich kann nicht anders!" Und wenn er die
Offensive ergriff, so war es stets bloß diejenige, die, nach mili-
tärischen Grundsätzen, von einer guten Defensive unzertrennlich
ist. Er sagt daher im Vorwort zum „Zeitgeist und Bernergeist"
so offen als möglich: „Der Hauptgrund, warum der Verfasser
auch beim besten Willen von der sogenannten Politik nicht lassen
kann, ist der, daß ja die heutige Politik überall ist, daß ja gerade
das das bezeichnende Merkmal des Radikalismus oder der
radikalen Politik, daß dieselbe sich in alle Lebensverhältnisse
aller Stände drängt, das Heiligtum der Familien verwüstet,
alle christlichen Elemente zersetzt. Wo man im Hause den Fuß
absetzt, tritt man auf diese Schlange, diese Landplage Europas."
In einer früheren Stelle dieses Vorwortes sagt er ferner: „die
Liebe zu der wahren, christlichen Freiheit, die ihm als ge-
borenem und nicht gemachtem Republikaner nicht nur
lieb, sondern, da er in derselben aufgewachsen, Bedürfnis sei,
habe ihn gedrängt, Schriftsteller zu werden, und zwar als er
bald vierzig Jahre alt gewesen. Er habe gewußt, was er wollte.
Er sei für Gott und das Vaterland, für das christliche Haus und
die Zukunft der Unmündigen in die Schranken getreten." —
So müssen wir den „Zeitgeist und Bernergeist" im Sinn des
Verfassers als eine Art Verteidigung pro aris et focis ansehen,
gerichtet gegen Prinzipien und Tendenzen, die Bitzius gefährlich
schienen, und die gerade damals in seinem Heimatkanton sich
besonders geltend machten.

Der Titel „Zeitgeist und Bernergeist" lautet etwas sonderbar
und ist nicht ganz klar. Frägt man sich, was unter Zeitgeist
und wieder unter Bernergeist zu verstehen sei, und was
Bitzius dabei vorgeschwebt habe, so würde die Umschreibung
etwa so lauten: das Schlimme des Zeitgeistes gegenüber dem
Guten des alten Bernergeistes. Wir haben gesehen, daß Bitzius
nirgends ein eigentlicher laudator temporis acti, ein Verfechter

starrstabiler Grundsätze ist, vielmehr als eifriger Reformer (wie
im Schul= und Armenwesen) und, wenn man eine nun veraltete
Bezeichnung wählen will, als so geheißener Altliberaler gelten
kann, wenn er auch nicht für Verfassungen schwärmte und allen
neuen Dingen und Leuten nachlief. Er konnte daher im „Zeit=
geist und Bernergeist" nur das Erhaltenswerte, Tüchtige des
alten Geistes dem Verderblichen des neuen, des „Zeitgeistes",
entgegensetzen wollen. Diesen Gegensatz nun stellt er dar durch
zwei angesehene Bauernfamilien, die durch mancherlei Bande
verknüpft sind, deren Häupter aber entgegengesetzten politischen
Parteien angehören und infolge dieser verschiedenen politischen
Richtung auch im Regiment und Leben der Familie getrennte
Wege einschlagen. Die mehr altväterischen Lebensgrundsätze und
die damit verknüpfte Lebensweise und Familienleitung des
Ankenbenz gereichen ihm und seinem Haus zum Heil und bringen
Wohlstand und Blüte, während umgekehrt Hunghans, in den
Strudel des politischen Lebens gerissen, jene Grundsätze verläßt
und dem ökonomischen und moralischen Ruin entgegengeht,
wobei der in seiner eigenen Familie vorhandene Gegensatz
zwischen altem und neuem Leben das Bild noch greller macht.
Wenn man aus dieser Darstellung den allzu raschen Schluß zöge,
Bitzius habe mit diesen Parallelbildern die so geheißenen Radikalen
in Bausch und Bogen als Lumpen, die so geheißenen Kon=
servativen aber als die Gerechten und Gesegneten des Landes
darstellen wollen, so würde ihm ein Vorwurf gemacht, der, wenn
er wahr wäre, kaum entschuldigt werden könnte. Denn abgesehen
davon, daß in allen Parteien, wie in allen größeren Genossen=
schaften, sich gut und bös ziemlich gleichgemischt findet, wird
auch der poltitische Grundsatz des Hausvaters nicht notwendig
auf dessen Lebensweise und Hausregiment absolut bestimmend
einwirken, und es wird im Kanton Bern, wie in der übrigen
Welt, ebensowohl ganz solide radikale und ganz lieberliche kon=
servative oder antiradikale Hausväter geben, als umgekehrt.

Dessenungeachtet kann man dem Lebensbild, welches uns Bitzius
in Hunghans und seiner Familie gegeben hat, die volle Wahrheit
und Treue nicht absprechen, und es bleibt ganz fest stehen, daß,
wer so wie Hunghans Politik treibt, den Radikalismus so ver=
steht wie er, auch die nämlichen Erfahrungen machen und, wie
er, erst durch traurige Erlebnisse und mit großem Schaden werde
klug werden müssen. Da es aber viele so unselbständige Naturen
gibt wie Hunghans, und da nicht zu leugnen ist, daß in der radikal
demokratischen Lebensansicht die Versuchung zur Zügellosigkeit
und zu flottem, der Zukunft vergessendem Leben größer ist, so
konnte Bitzius sein Buch ganz passend und zweckmäßig für diese
vielen geschrieben haben, die ihm der Warnung und der Auf=
klärung zu bedürfen schienen, weil sie aus Beschränktheit frei=
willige Sklaven eines zügellosen, unordentlichen Wesens wurden,
das mit rein politischen Grundsätzen nichts mehr zu schaffen hat.
Diesen Eindruck hat uns der „Zeitgeist und Bernergeist" gemacht.
Er schien uns geschrieben für die Unselbständigen und leicht
Verführbaren unter den begüterten Landleuten und gegen das
Aufgeben einer grundsätzlichen und geordneten Lebensweise
gerichtet, ohne welche weder für den einzelnen noch für die
Familie Gedeihen ist. Die frivole und grundsatzlose Lebensweise
ist es, die Bitzius bekämpft und perhorresziert, und wenn er
unter den Ursachen dieser Lebensweise ein gewisses politisches
Treiben, ein Nachwirken einer bestimmten Art von Politik findet,
so wird er unerbittlich dagegen zu Felde ziehen, Haus und Familie
gegen das Einreißen so loser Maximen zu schirmen suchen, ohne
deshalb das Unrecht begehen zu wollen, eine ganze politische
Partei auch als Privatleute an den Pranger zu stellen.

Bitzius sagt es übrigens im Vorwort, daß er nur das be=
kämpfe, was er „die Sekte des Radikalismus, das eigentlich
propagandistische und zersetzende Wesen desselben" nennt, und
daß er darauf rechne, alle diejenigen Radikalen, deren radikale
Politik nicht über die Grenzen der eigentlichen Politik gehe,

denen sein Kampf nicht gelte, und die bloß (irrigerweise) sich an
diese übertreibenden und destruktiven Tendenzen anschließen zu
müssen glaubten, um ihrem politischen Grundsatz nicht untreu
zu werden, auf s e i n e r Seite zu sehen, sobald sie dieses Sekten-
artige und mithin Tyrannische erkannt haben würden. Da das
Buch, wie gesagt, während des heftigsten Parteistreites geschrieben
wurde und Bitzius gleichsam den Feind vor den Toren sieht, so
konnte es nicht fehlen, daß das politische Räsonnement, Reden
und Betrachtungen, die dahin zielen, vorwiegen und auch in betreff
von Sprache und Form vieles auszusetzen ist, was dem Verfasser
den sarkastischen Vorwurf eines ostschweizerischen Rezensenten
zuzog, daß er von jeder Bohnenstange den Weg zur Regierung,
Staatskasse, Verfassung, kurz zur Politik zu finden wisse, daß sogar
das „Salatanni" über Tourte und Almeras (die Genfer National-
räte) schimpfe und das Ganze nur wie eine politische Flugschrift
zu betrachten sei. Es hieße jedoch den poetischen und psychologischen Wert des Buches bedeutend unterschätzen, wenn man
nicht mehr darin finden wollte. Trotz aller Politik, die dem „Zeitgeist und Bernergeist" allerdings seine Färbung gibt, wie sie
damals auch das Leben des ganzen Kantons fast ausschließlich
beherrschte, ist das Buch voll poetischen Reizes und von der
frischesten Lebensfarbe und steht darin anderen Schriften von
Bitzius wenig nach. So ist Ankenbenz einer der erfreulichsten und
schönsten Figuren von Bitzius, voll Maß und Kraft, freilich mit
jenem Zuge von Klugheit, die einem energischen Handeln für
eine feste Überzeugung meist im Wege steht, aber ganz dem
Charakter des ehrenfesten Bernischen Bauers entnommen ist.
Benz wird übrigens hierin mehr als ergänzt durch seine Frau,
Lisi, die Bäuerin, „die Kartätschen im Munde führt, und deren
Worte nicht bloß durch Mark und Bein, sondern durch Dorf und
Gau und über Berg und Tal gehen", die übrigens, da sie selbst
die Sachen nicht auszufechten hat und ruhig zu Hause bleiben
kann, die diplomatische Weise ihres Mannes gut ausschelten und

über Lässigkeit gut reden hat. Zu Lisis imperatorischer Natur steht
dann wieder in trefflichem Gegensatz ihre Freundin Gritli, Hung=
hansens Frau; wie rührt uns das Seelenleiden, der verzehrende
Kummer dieser nicht zum siegreichen Bestehen täglich wieder=
kehrender Kämpfe und Verdrießlichkeiten geschaffenen Natur!
Wie wohl mögen wir diesem Gemüte, das „manches Jahr auf
den Wellen gereizter Empfindungen unstet und ruhelos auf
dem Meer des Lebens umhergetrieben worden", die endliche
Ruhe und den Frieden der Versöhnung gönnen! Gritlis sanftes,
einem Abendhauch ähnliches Sterben und die nachfolgenden
Szenen sind Bilder von unendlicher Tiefe und Wahrheit. — Das
junge Gritli und der junge Ankenbenz sind auch ein recht statt=
liches Paar, doch stehen sie mehr im Hintergrund, und ihre Liebe
muß sich vor dem Getöse des politischen Treibens verstecken.
Hunghans selbst ist ebenfalls sehr gut gehalten. Weder von Über=
treibung noch von politischer Schadenfreude ist eine Spur bei
dessen Zeichnung zu finden, so daß er uns fortwährend großes
Interesse einflößt.

Der „Zeitgeist und Bernergeist" wird, in den Rahmen seiner
Zeit gestellt und aus derselben erklärt, immer ein bedeutendes
Buch bleiben, wenn auch mehr für den Berner selbst, für den
es geschrieben ist, als für fernstehende Leser. Für den Berner
ist es deswegen von Wichtigkeit, weil es Zustände und Erschei=
nungen fixiert und plastisch darstellt, die wieder verschwinden,
und die für die Geschichte des Landes und für Politik und Psycho=
logie überhaupt interessant sind. Wir erinnern nur beispielsweise
an die Großratswahl und die komischen Zufälligkeiten und
Mysterien derselben.

Wie den „Zeitgeist und Bernergeist", so traf auch das letzte
größere Werk von Bitzius, nämlich „Die Erlebnisse eines Schulden=
bauers", welches mit dem Jahre 1854, dessen Ende der Verfasser
nicht mehr erlebte, herauskam, der Vorwurf, daß die Partei=
polemik zu sehr darin vorherrsche, und daß die Konservativen

stets als die einzig Gerechten und Frommen, die Radikalen
hingegen als Lumpen und Taugenichtse hingestellt würden, die
nur den Schatten zum Gemälde hergeben müßten und die ersteren
einzig an ihrem, wie Bitzius meine, doch wohlverdienten irdischen
Florieren hinderten, also gleichsam die Rolle der bösen Geister
spielten. Das wäre nun wirklich eine schlimme Sache, allein
wir haben in dem Buche etwas ganz anderes gefunden. Vorerst
hat dasselbe nicht, wie der „Zeitgeist", einen ausgesprochenen
politischen Zweck. Die Politik ist gar nicht Hauptsache, sondern
wird nur beiläufig hineingezogen, insofern Bitzius gegen die
Staatseinrichtungen eifert, welche wegen zu weitgetriebenen
Formalismus und strenger Trennung aller Befugnisse und Ge=
walten und wegen der daraus entstehenden Scheu aller Staats=
beamten, sich durch die kleinste Überschreitung dieser so ab=
gezirkelten Befugnisse verantwortlich zu machen, den Ehrlichen,
aber Unbehilflichen, namentlich den kleinen Besitzer, nicht mehr
nachdrücklich in seinem Eigentum und seinen Rechten schützen
und namentlich gegen Prellereien und Umgarnungen aller Art
sich machtlos erweisen, welche ihm von Seite jener gefährlichen
und in aller Herren Länder zahlreichen Klasse von gewissenlosen
Spekulanten, habgierigen Geschäftsmäklern und Auftreibern
drohen. Diese Klasse, die keinen Stand oder Beruf ausmacht,
aber leider überall zu finden ist und von den Verlegenheiten
bedrängter Schuldner, von dem Aufspüren und Ausbeuten
fremden Unglücks oder dumm=gutmütigen Vertrauens lebt, hat
Bitzius im „Schuldenbauer" aufs Korn genommen und zu zeichnen
versucht. Solche Leute werden auch in bewegter und zwie=
spältiger Zeit am sichersten ihr Wesen treiben, und da sie sich die
herrschenden Meinungen und Phrasen aneignen und sich in den
Mantel der jeweilen geltenden politischen Redensarten hüllen,
so werden sie hie und da zu einiger Bedeutung gelangen, und
wer dann ihr Treiben entlarvt und aufdeckt, den werden sie für
einen Volksfeind und Aristokraten und „Störer des Freundschafts=

bundes" ausschreien, während er bloß die Torheit vor der Arglist
warnen und den Ehrlichen und Fleißigen die Schlingen und Ge=
fahren zeigen will, die auf die Früchte ihres Fleißes und auf
ihre Zukunft lauern. Der Zweck des „Schuldenbauers" ist also,
auf diese häufige Quelle von Verarmung und Unglück aufmerksam
zu machen und den Staat auch auf diesem Gebiete zum Aufsehen
zu mahnen und seine Unterstützung zu verlangen, die er dadurch
leisten solle, daß er „ein klar Recht über dem Volke aufstelle,
einfach, ähnlich Gottes Wort, verständlich auch den Unmündigen,
und daß dieses Recht von einer wackeren Hand verwaltet werde,
die allen sichtbar, allen fühlbar sei". (Forderungen, die freilich
leichter zu stellen als zu erfüllen sind.) Das Buch hat demnach
einen allgemein patriotischen, gemeinnützigen Zweck, und Männer
aller Parteien können aus demselben lernen und zu fruchtbaren
und ernsten Betrachtungen angeregt werden.

Der „Schuldenbauer" ist eine Art Gegenstück zu „Uli", der
aus einem Knecht Pächter und zuletzt Bauer wird, während
Hans Joggi von einem freilich mit Schulden belasteten Bauer
wieder zum Pächter heruntersteigt, wenn man dies ein Herunter=
steigen nennen will, da seine Lage in der Wirklichkeit dadurch
gebessert wird. Bitzius hat uns anderswo einen Schuldenbauer
anderer Art vorgeführt. Sepp, der Nägelibodenbauer in der
„Vehfreude", ist in ähnlichen Umständen gewesen wie Hans
Joggi, aber ihn bringt seine ganz andere Persönlichkeit, seine
Klugheit, Zähigkeit, Ausdauer, sein selbständiges Urteil in allen
Dingen über die Gefahren hinweg und hält die Schlingen von
ihm fern, in welche Hans Joggi durch seine Blödigkeit, seinen
gänzlichen Mangel an Menschenkenntnis, seine geistige Beschränkt=
heit und Nichtanstelligkeit überhaupt verstrickt wird. Hans Joggi
hätte sich jenen Sepp zum Muster nehmen können. Man ärgert
sich vielfach über seine gar zu große Einfalt. Denn da ist schwer
helfen und verhüten. Wider den Unverstand und die Urteils=
losigkeit und ihre Folgen ist nun einmal kein Kraut gewachsen.

144

Wer, um sich Rats zu erholen, aus Blödigkeit, oder weil er einen
Gang scheut, statt zu soliden und rechtlichen Berufsleuten zu
Spitzbuben und Betrügern geht und den sich aufdringenden
Winkelgeschäftsmann allen anderen vorzieht, der hat am Ende
den erlittenen Schaden sich selbst beizumessen. Goethe sagt zwar
sehr schön in seiner „Natürlichen Tochter“:

> Was ist Gesetz und Ordnung, können sie
> Der Unschuld Kindertage nicht beschützen?

Allein keine Staatsordnung hat noch eine Panazee erfunden
gegen diesen täglichen und kleinen Krieg der Schlauen und
Eigennützigen mit den Einfältigen und allzu Vertrauenden, und
wer es unternehmen wollte, die Staatsgewalt so weitreichend
und überallhin eingreifend zu machen, daß alle Hans Joggi vor
dem Übel bewahrt werden könnten, müßte eine Polizeigewalt
und einen Apparat von väterlichen Zwangsmaßregeln herstellen,
deren Nachteile den gutgemeinten Zweck wirksameren Schutzes
der Beschränkten und geistig Unmündigen bei weitem überwiegen
und des Übels mehr schaffen würden, als vorher war, nur in einer
anderen Richtung. Gesetze können hier so wenig alles tun als
deren Vollzieher. Sie müssen den Bürger seiner eigenen Klugheit,
dem Instinkt der Selbsterhaltung überlassen. Sie können nicht
für ihn sehen, wachen, ratschlagen.

Der „Schuldenbauer“ ist seiner Anlage und seinem Zweck
nach, wie der „Bauernspiegel“, „Dursli“, „Der Geltstag“ und
andere Schriften von Bitzius, ein Schattengemälde. Der Ver=
fasser sagt es im Vorwort selbst, das Buch sei geschrieben aus
Erbarmen für die Ehrlichen und Fleißigen, und zwar mit
Pein geschrieben; denn wohl werde es einem nicht
in dieser trüben Luft. Hierin liegt der Hauptcharakter
und die ernste Bedeutung desselben. Bitzius gibt zwar die Heil=
mittel für die „in den Erlebnissen eines Schuldenbauers“ ge=
schilderten Gebrechen im Staatsleben nicht an und könnte dies
auch nicht. Denn von vielem, welches da gerügt wird, und was

wir beklagen, können wir doch nur mit dem englischen König
Heinrich sagen:

Sind dies Notwendigkeiten,
Ertragen wir sie als Notwendigkeiten!

Gleichwohl müssen wir gerade in diesem Buche von sehr un=
erquicklichem Inhalt den Freimut bewundern, mit welchem
Bitzius gegen diese mehr in der Tiefe liegenden Übel und Zu=
stände zu Felde zieht, er, der einzelne, nur in privater Stellung
Stehende, der nur seinem Drange folgt, Ungerechtigkeit zu be=
kriegen, wo sie auch sich zeige. Wir können dem Dichter unsere
Hochachtung und unsere herzliche Teilnahme nicht versagen, der
hier fast mehr als in einem anderen seiner Werke zum wirklichen
Jeremias wird, „den des Volkes jammert", der ein so warmes
Herz für das Volk hat, und der besonders die Armen, die Schutz=
bedürftigen, die Einfältigen, die der Versuchung und der Be=
trügerei allerwärts Ausgesetzten durch die ungeschminkte, wahre
Darstellung ihres von so vielen Seiten umlauerten und bedrohten
Lebens warnen oder die Macht des Staates zu ihrem wirksameren
Schutz aufrufen möchte. Bitzius ist ernst, wie der alttestamentliche
Prophet, er zürnt wie ein Jeremias oder Jesaias; aber dieser
Zorn ist zugleich ein klagender, ein Zorn des tiefsten Mitgefühls,
einer Liebe zum Volke, die sich nicht erheucheln läßt, und zwar
zum lebendigen, handelnden, duldenden, arbeitenden Volke.

Es ist rührend, ihm zu folgen, wenn er uns die Schicksale und
Erlebnisse dieser braven, aber gedrückten Familie schildert; mit
wie liebevoller Sorgfalt hat er alles einzelne ausgespäht und
die tausend kleinen Züge aufbewahrt, die auch dem Leben dieser
Menschen Physiognomie und Farbe verleihen! Wie greift nicht
zum Beispiel der Tod des kleinen Hans Uteli in das Leben dieses
Hauses ein! Wie gut weiß Bitzius diesen unverdrossenen Mut
und die felsenfeste Ehrlichkeit zu schildern, welche die Familie
dieses Schuldenbauers durch die Klippen und Stürme ihres
oft so trost= und aussichtslosen Lebens hindurchsteuern, eines

146

Lebens, von welchem fürwahr auch „was köstlich daran war, Mühe und Arbeit gewesen".

Es ist, als ob Bitzius in diesem letzten Buch den Ärmeren und Gedrückten im Volke ein Vermächtnis seines warmen Herzens für sie hätte hinterlassen wollen. Das Buch ist in der Tat wie mit seinem Herzblut geschrieben, und des Traurigen ist weit mehr als des Erfreulichen. Doch mildert der Schluß der Erzählung, die bessere Aussicht für des tüchtigen und fleißigen Hans Joggis Zukunft, die trübe Empfindung, die uns das Ganze wohl zu geben geeignet ist.

Die „Erlebnisse eines Schuldenbauers" haben eine gewisse Wahlverwandtschaft mit dem „Geltstag", der ein ähnliches Thema behandelt und ebenso unerquickliche Dinge beschreibt. Doch ist zwischen beiden der große Unterschied, daß im „Gelts= tag" der selbstverschuldete Ruin auf der Gnepfi unser Mitleid nicht gewinnen kann, und daß man von Steffen und Eisi sagen muß: ihr habt es so gewollt, während dies beim „Schuldenbauer" ganz umgekehrt ist, indem er unsere Sympathie in hohem Maß durch seine Tüchtigkeit und Beharrlichkeit in Anspruch nimmt, wenn wir uns auch vielfach über seine Leichtgläubigkeit und Blödigkeit ärgern.

Wir sind nun unerwartet und allmählich ans Ende der schrift= stellerischen Laufbahn von Bitzius gekommen und stehen leider auch dem Ende seines reichen Lebens nahe, von dessen letzten Tagen uns einzig noch zu erzählen übrigbleibt. An dieser Stelle angelangt, gewärtigen wir wiederholt den Vorwurf, daß wir von seinem Leben (außerhalb des schriftstellerischen Wirkens), das man nicht kenne, zu wenig, von seinen Schriften, die man ja schon kenne, zu viel gesprochen. Allein wir wiederholen es auch hier: seine Schriften sind sein Leben selbst, sind wenigstens das einzig Merkwürdige in demselben, da dessen ebener Verlauf dem klaren Bache gleicht, in welchem man jeden Kiesel zählen kann, und welcher nie trübe oder aus seinem natürlichen Flusse hinaus=

gedrängt oder verschüttet wird. Der Mann selbst wird durch seine
Schriften vollkommen durchsichtig, und der eingeschlagene Weg
reut uns so wenig, daß wir bezeugen können, wie es uns oft viel
gekostet, bei einzelnen Schriften nicht länger zu verweilen. Wir
mußten uns von einzelnem mit Gewalt losreißen und haben
auch, um nicht zu weit geführt zu werden, eine Menge kleinerer
schriftstellerischer Produkte nicht erwähnt, über die noch manches
zu sagen gewesen wäre. Um diese letzteren jedoch nicht ganz zu
übergehen und ihre Bedeutung nicht zu gering anzuschlagen,
werfen wir am Schlusse noch einen flüchtigen Blick auf die „Er=
zählungen und Bilder“, die, aus verschiedenen Zeitepochen her=
stammend, in fünf Bänden gesammelt worden sind, von welchen
der letzte erst nach des Verfassers Tode herauskam. Diese Er=
zählungen sind vom verschiedensten Inhalt und Gepräge, bald
sehr ernst, bald heiter und burlesk, mithin auch sehr ungleich an
Gehalt und Tiefe, viele unbedeutend, einige von großer Be=
deutung. Frische Lebensluft weht in allem. Wir werden nur
einige aus der Masse herausheben, die uns zu den vorzüglichsten
zu gehören scheinen und den meisten dichterischen Wert haben.

In dieser Beziehung verdient zuerst „des Großvaters Sonntag“
genannt zu werden, in welcher Erzählung Bitzius den kühnen
Gedanken zu verwirklichen schien, die ernsteste der Szenen, die
des Sterbens, mit dem ruhigen Glanz und der Heiterkeit einer
Idylle zu umgeben. Alles ist unvergleichlich schön. Herrlicher kann
die Sonne des Lebens nicht untergehen. Es ist der lange nach=
klingende, letzte Ton einer Glocke, und wir lauschen sinnend diesem
letzten Verklingen zu. Wer des „Großvaters Sonntag“ einmal
gelesen, kann ihn nie wieder vergessen. — In anderer Weise ist
„Das Erdbeeri=Mareili“ ein so duftiges, so ätherisches Bild, daß wir
fast nicht mehr auf der Erde zu weilen glauben und die höhere
Liebe dieser beiden Frauenseelen, das stille und ungekannte Leben
der einen für die andere, als das reinste Glück empfinden, welches
zwei so reinen Herzen wie dieser Mädchen zuteil werden kann.

148

„Elsi, die seltsame Magd" ist wiederum eine Erzählung anderer
Art, so tief und doch so einfach angelegt und von so poetischen
Momenten durchzogen, daß Gottfried Keller mit Recht sagen
konnte, sie sei wert, an innerem Gehalt „Hermann und Dorothea"
an die Seite gesetzt zu werden. Nur ist hier der Ausgang ein
tragischer. Der Untergang des alten Bern im unglücklichen Kampf
gegen die französische Republik ist der große Hintergrund der
erzählten Geschichte, in dessen greller Beleuchtung wie in einem
blutroten Schein das Bild sich verliert. Elsi ist eine wahrhaft
tragische Heldin und ihr Christen nicht weniger ein ihrer würdiger
Held.

Im Gegensatz zu „Elsi" atmen die Erzählungen „Wie Joggeli
eine Frau sucht" und „Michels Brautschau" (die Geschichte: wie
Christen eine Frau gewinnt, die ebenfalls hierher gehört, haben
wir schon früher genannt) den heitersten und schalkhaftesten Humor,
sind durch und durch erquicklich und im muntersten Volksgeist
eingetaucht. Die erstere Erzählung: „Wie Joggeli eine Frau
sucht" ist sogar zu einem höchste Lachlust erregenden und das
Zwerchfell erschütternden Operntext benutzt worden, den man der
Merkwürdigkeit wegen hinter der Erzählung abdrucken sollte, um
den Unterschied zwischen reiner Natur und reiner Unnatur recht in
die Augen springen zu machen. Die Tatsache beweist übrigens,
wie sehr „Jeremias Gotthelf" und sein „Genre" in die Mode
gekommen war, und wir wundern uns nur, daß es keine Damen=
kleider „à la Jeremias Gotthelf" gegeben hat. Die Derbheit
seiner Schreibart scheint ihm übrigens beim schönen Geschlecht
durchaus nicht geschadet zu haben. Sie war eben neu und saftig.

Von großer psychologischer Feinheit ist „der Besuch", welcher
ein wegen Lumpereien beginnendes Zerwürfnis zwischen jungen
Eheleuten zum Gegenstand hat, welches dann von der klugen
Mutter der jungen Frau noch zeitig gehoben wird und in der
lokalen Verschiedenheit der Sitten zwischen den Heimatgegenden
der Eheleute wurzelt. Bitzius schaut hier wieder recht ins mensch=

liche Gemüt, namentlich ins weibliche. Das Thema dieser höchst
anmutigen Erzählung enthält einige leichte Züge von „Geld
und Geist“ und ist demjenigen dieses Buches ähnlich; aber das
aufsteigende Gewölk im „Besuch“ ist nur leicht und wird glücklich
wieder zerteilt, ehe es drohend und schwer am Horizonte sich
sammelt.

Der „Besenbinder von Rychiswyl“ und „Bartli der Korber“
sind vortreffliche Zeichnungen von Originalcharakteren, und
namentlich rechnen wir den letzteren, Bartli, unter die schwierigsten und gelungensten Charaktere, die auf Bitzius’ unendlich
reicher Bühne sich tummeln. Beides sind Sonderlinge aus der
streng arbeitenden und erwerbenden Klasse, denen ihre Berufs-
und Lebensweise ein ganz originelles Gepräge aufgedrückt hat.
Sie werden als Muster von ausharrendem Fleiß und unermüdlicher
Arbeitsamkeit hingestellt, und das Leben eines jeden, besonders
Bartlis, wird uns von Bitzius in seinen kleinsten und tiefsten
Falten meisterhaft auseinandergelegt.

Sehr ernste und erschütternde Erzählungen sind „Segen und
Unsegen“ und „Ich strafe die Bosheit der Väter an den Kindern
usw.“, während „der Oberamtmann und der Amtsrichter“ und
„die Wahlängsten und Nöten des Herrn Böhneler“ aus leichterem
Stoff gewebt sind und als politische Genrebilder aus ganz verschiedenen Zeiten gelten können und als solche Bedeutung haben,
weil Bitzius auch hier wie überall die Leute und Dinge in ihre
wahre natürliche Umgebung versetzt und die Zeit durch kleine
Züge plastisch, und wie sie wirklich war, darzustellen weiß, ohne
seine dichterische Freiheit allzusehr zu beschränken.

Auch „Der Besuch auf dem Lande“ und „Der Ball“ sind, wenn
auch unbedeutender, doch charakteristische und besonders für den
Berner interessante Lebensskizzen. Der „Ball“ zog dem Verfasser
von seiten eines deutschen Kritikers den lächerlichen Vorwurf zu,
er habe durch diese Erzählungen die Städterinnen persi-
flieren wollen und seine Rosalie Gelblächt höchst ungerechter-

weise zu deren Repräsentantin gemacht, ein Vorwurf, der kundigere
Leser des „Balles" gewiß sehr belustigen wird.

Wir können an dieser Stelle nicht umhin, es zu bedauern, daß
Bitzius uns nicht mehr solche Genrebilder aus früherer Zeit, wie
„Der Oberamtmann und der Amtsrichter" eines ist, geliefert hat,
weil man aus solchen Erzählungen die Physiognomie einer be=
stimmten Zeit weit besser kennen lernt als aus allen offiziellen
Staatsberichten und Protokollen. Für ein paar solche mit Sorg=
falt geschriebene Lebensbilder würden wir viele unbedeutendere
Produkte hingeben, die er im Drange von Bestellungen und Nach=
fragen zutage fördern mußte. Es ist in mancher Beziehung als
eine Kalamität zu betrachten, daß Bitzius, als er einmal in die
Mode gekommen war und jedermann einen Artikel von ihm in
seiner Bude haben wollte, durch dies allseitige Drängen, dem er
nicht widerstand, sich oft in einen wahren Notzustand versetzen
ließ, in welchem von ruhigem Schaffen und sorgfältiger Behand=
lung des Stoffes nicht mehr die Rede sein konnte. Da wurde er
für Almanache, Zeitschriften, Kalender aller Art in Requisition
gesetzt. So lieferte er Aufsätze in die „Elsässischen Neujahrsblätter",
in das „Deutsche Leben" von Pröhle, in die Volkskalender von
Nieritz, Steffens, Hofmann, ferner in die „Schweizerischen Alpen=
rosen", in die Illustrierte Zeitschrift für die Schweiz", in Reithards
Kalender, in den Berner Kalender, solange dieser erschien, und in
das „Berner Taschenbuch". Da mußte es wohl oft etwas fabrik=
mäßig zugehen. Er hätte wohl besser getan, solche Zudringlichkeit
zuweilen zurückzuweisen und „Herr seiner Zeit und König seiner
Stunden" zu bleiben. Der Vorwurf eines schweizerischen Kritikers
in einem Tagblatt, daß Bitzius, der immer von der soliden guten
alten Zeit spreche, so mit beiden Füßen in diese leichtfertige,
moderne Buchmacherei hineinspringe, wäre dann auch in bezug
auf diese kleineren literarischen Produkte unverdient gewesen,
wie er es, was die größeren Werke anbetrifft, jedenfalls ist. Die
Gewöhnung des Arbeitens auf Bestellung und Termine ist für

Produkte, die etwas mehr als Handwerksarbeit sein sollen, sehr
nachteilig, was schon große Genies durch Minderung ihres schrift=
stellerischen Ruhmes erfahren haben. Auf der anderen Seite
wollen wir aber auch nicht verkennen, daß wir solchem äußeren
Sporn vielleicht manche anmutige oder ernste Erzählung ver=
danken, welche sonst ungeschrieben geblieben wäre.

Wir erwähnen zuletzt noch der „Frau Pfarrerin", dieses ein=
fachen Lebensbildes, das uns gerade durch seine Harmlosigkeit
und sein unschuldiges Genügen rührt. Da diese Erzählung die
letzte schriftstellerische Arbeit von Bitzius war, die sich bei seinem
Tode im Manuskript vorfand, so hat man darin Bezüge auf die
Seinigen und das Vorgefühl eines nahen Todes finden wollen;
und es war natürlich, daß man die wehmütige Stimmung, in
welcher man dieses kleine Vermächtnis des gefeierten Mannes,
dessen Mund nun für alle verstummt war, durchflog, in die Er=
zählung selbst hineintrug. Wir glauben indessen nicht, daß Bitzius
dabei solche bestimmte Vorgefühle gehabt, und sein Freund
Fröhlich, der schweizerische Dichter in Aarau, hat wohl recht,
wenn er in seinem trefflichen Aufsatz „Aus Jeremias Gotthelfs
Leben" (der den fünften Band der „Erzählungen und Bilder" ein=
leitet, und den wir allen Freunden des Verstorbenen empfehlen
möchten) sagt, er habe die „Frau Pfarrerin", soviel sich aus den
Umständen schließen lasse, allerdings nicht im Gefühl, daß es
seine letzte Schriftstellerarbeit sei, auch nicht in irgendeiner un=
mittelbaren Beziehung auf die Seinigen geschrieben, und dieselbe
sei zunächst für die „Alpenrosen" bestimmt gewesen. Doch könne
er sie auch nicht geschrieben haben, ohne im allgemeinen an das
Los einer Predigerwitwe zu denken. „In der Erzählung scheint
uns noch ganz Bitzius' munterer Geist zu wehen, aber das stille
Genügen, das harmlose Leben der guten Frau und besonders
ihre Vereinsamung nach dem Tode des Mannes hat etwas an
sich Rührendes und bekundet, wie ein Deutscher sich schön aus=
drückt, von neuem das große Talent des Verstorbenen, ,der sich

so gerne in das Leben Verlaſſener und Armer verſenkte, um es
mit dem Zauber der Poeſie zu ſchmücken‘.“

Nachdem wir nun mit dem Schriftſteller die eilende Bahn,
die mit ſeinem Leben eins war, durchlaufen, haben wir von
dieſem Leben ſelbſt noch zu erzählen. Einzelne Bilder aus dem=
ſelben ſind der leſenden Welt ſchon bekannt. Wir nennen hier
vorzüglich den bereits angeführten Aufſatz von Fröhlich: „Aus
Jeremias Gotthelfs Leben“ und die kleinere Skizze: „Die Pfarre
in Lützelflüh“, erſchienen im „Magazin für die Literatur des
Auslandes“, 4. und 7. Mai 1850, ein ebenfalls höchſt anmutiges
und getreues Bild aus dem Leben von Bitzius, das namentlich
ſeine patriarchaliſche Seite ſchildert.

Wir begegnen in der Tat vor allem dem ſchönen Familien=
leben von Bitzius, deſſen Widerſchein überall in ſeinen Schriften
zu finden iſt, und in demſelben nimmt ſeine treffliche und liebens=
würdige Gattin die erſte Stelle ein. Die beſcheidene Frau möge
uns verzeihen, wenn wir hier ihrer erwähnen; allein das Bild
von Bitzius’ Leben würde eine weſentliche Lücke enthalten, wenn
wir die ſtille, aber mächtige Wirkung überſähen, welche ſie auf ihre
Umgebung, beſonders aber auf ihren Mann ausübte, eine Wir=
kung, die, da ſie an ſeinem g a n z e n Leben den innigſten Anteil
hatte, auch in ſeinen Schriften nicht zu verkennen iſt. Dieſer Ein=
fluß iſt zwar nicht von der Inſpiration der Gedanken und Ge=
ſichtspunkte zu verſtehen, die ihm einzig angehören; allein er
machte ſich geltend in der Beurteilung ſo manchen Verhältniſſes,
indem das heiße Feuer des für Recht und Volkswohl glühenden
Schriftſtellers temperiert, gemildert wurde durch die der Wärme
nicht im geringſten entbehrende Beſonnenheit der Gattin, die
in zurückhaltender und doch beſtimmter Weiſe auf ſcheinbare
Widerſprüche aufmerkſam zu machen, zu ſchroffe Kanten weicher
zu machen, Überſehenes hervorzuheben wußte. Frau Bitzius
war keine gelehrte, aber eine gebildete, ſehr richtig fühlende Frau
von feinem Urteil und ſchöner Weiblichkeit, ganz dazu gemacht,

die stete und treue Ratgeberin eines solchen Mannes zu sein,
der auch auf ihr Urteil ungemein viel gab, ihren ganzen Wert
erkannte, so daß wohl kein Werk von ihm ohne ihre Billigung
den Lauf in die Welt angetreten haben mag. „Die innige Verbindung zwischen beiden Gemütern" (so schreibt uns ein dem Hause
sehr nahe Stehender), „wie sie inniger zwischen Mann und Frau
nicht gedacht werden kann, machte sie beide ebenso fähig, Rat zu
erteilen, als Rat anzunehmen, und bewirkte, daß keines seine
eigene Ehre suchte. Sie waren eben so durch und durch eins,
hatten sich so sehr eins ins andere hineingelebt, daß ein Klang
des einen sofort das entsprechende Echo im andern fand. Niemand
hat daher Jeremias so völlig, so durch und durch verstanden in
all seinem Dichten und Trachten als gerade seine Frau, und er
selbst würde, wenn er noch lebte, ihr diese oberste Stelle unter
allen Verwandten und Freunden vindizieren. Auch verraten
ihre Urteile über Jeremias Gotthelfs Schriften im ganzen und
einzelnen, ihre Bemerkungen über diesen oder jenen Passus,
ihre Aufschlüsse über den Grund dieser oder jener Ansichten, daß
sie nicht nur eingeweiht, oft ausschließlich eingeweiht in alles
und jedes war, sondern auch ein klares Verständnis und Einsicht
in alle diese Dinge hatte." — Ihr Einfluß, der vielleicht ein um
so größerer war, je mehr ihr zurückhaltendes und sich bescheidendes
Wesen ihn verbarg, darf daher ein sehr bedeutender genannt
werden. Und hätten wir kein anderes Zeugnis von der stillen
Wirkung, die von ihr ausging, so würden diese Wirkung jene
zarten und tiefen Frauengestalten bezeugen, die wir in Bitzius'
Werken antreffen, und von denen wir fürwahr mit dem Dichter
sagen können:

> Es sind nicht Schatten, die der Wahn erzeugte.
> Ich weiß es, sie sind ewig; denn sie sind.

Wie hätte unser Dichter diese tiefen und seelenvollen Bilder
schaffen können, wenn er nicht ihre urbildliche Gestalt in lebendiger
Nähe hätte schauen und aus den Tiefen derselben immer neu

154

hätte schöpfen können! Wenn uns daher diese edlen Frauen=
gestalten von Bizius als verhältnismäßig höherstehend und idealer
als die Männer erscheinen, wenn das Schönste, Erhabenste,
Christlichste durch den Mund von Frauen ausgesprochen wird,
so seien wir auch der würdigen Frau eingedenk, die unbewußt
an diesen Gestalten einen so großen Anteil haben mochte. Denn
Bizius mußte solchen Reichtum zu schätzen und sich anzueignen.
Er gehörte zu den Männern,

die erkennen konnten,
Welch einen holden Schatz von Treu' und Liebe
Der Busen einer Frau bewahren mag.

Unter solcher Eltern Leitung mußten auch die Kinder wohl=
gedeihen. Bizius war ein guter Pädagog und ein sehr einsichtiger
Vater. Er führte sie mit Ernst, aber liebevoll. Sie waren seine
Freude, und er begleitete all ihr Tun und Treiben Schritt für
Schritt, es selbst gleichsam mittuend und mittreibend, aber ohne
ihre freie Entwicklung zu hemmen. Die Kinder waren unter
sich sehr ungleich. Er ließ jedes in seiner Eigentümlichkeit gewähren
und tat dem Naturell von keinem Gewalt an. Milde und Freund=
lichkeit war der herrschende Ton dieses Hauses, ohne daß die
Zucht im geringsten darunter litt. Sein einziger Sohn Albert,
jetzt ein eifriger und hoffnungsvoller Studiosus der Theologie,
mußte früh das väterliche Haus verlassen und das Waisenhaus
im benachbarten Burgdorf beziehen, weil der Vater von der
Ansicht ausging, daß ein Knabe nur unter Knaben zur rechten
Gesundheit gelange. Die beiden Töchter hingegen wurden zu
Hause behalten und erzogen. Die jüngere war besonders leb=
haft, und ihr Vater ergötzte sich oft an ihren witzigen Einfällen
und naturwüchsigen Bemerkungen und schrieb einmal seinem
Freund Maurer, wie er die Kritik seines ganzen Hausstandes
über sich müsse ergehen lassen, wie auch seine Kinder daran
teilnähmen, und „wie sein Jüngstes Präsident in diesem Ge=
richtshof sei".

155

Auch Bitzius' bereits erwähnte ältere Schwester Marie brachte jeden Sommer in Lützelflüh zu und war ihm eine liebe Hausgenossin, die den freundlichen Familienkreis vergrößerte und verschönerte, von dem jeder, der ihm nahekam, ein heiteres, unvergeßliches Bild bewahren wird. Ein Geist gegenseitiger Liebe, fröhlicher Geselligkeit, maßvoller Ordnung ohne Pedanterie durchdrang alles, und wenn Bitzius in seinen Schriften Haus und Familie mit einem so schönen und freundlichen Glanz umgibt, so war eben sein Haus und seine Familie von solchem Glanze häuslicher Tugend erhellt und das Leben in diesem Pfarrhause ein wahrhaft köstliches, glückliches Leben.

Die Lebensweise von Bitzius war ebenso geordnet als einfach, und wie selten er dies eingewohnte und einförmige Geleise verließ, beweist am besten die für seine Gewissenhaftigkeit als Pfarrer rühmliche Tatsache, daß er während fünfzehn Jahren ein einziges mal für sich predigen ließ, wie denn auch seine seltenen und kurzen Ausflüge und Reisen meist in die spätere Zeit fallen. Seine Tagesordnung war geregelt, jedoch ohne die geringste Pedanterie. Er war ein ebenso vortrefflicher Benutzer der Zeit für sich als freigebig mit der Verwendung derselben für andere. Er stand des Morgens sehr früh auf, frühstückte schon um sechs Uhr und bereitete den Kaffee für das Familienfrühstück selbst, so daß, wenn er Besuch hatte, der Gast, der etwa frühmorgens abreisen wollte, immer seinen heitern Wirt selbst bereits im Eßzimmer mit dieser patriarchalischen Operation beschäftigt fand. Die guten Morgenstunden aber bis elf Uhr waren der Arbeit gewidmet, und Bitzius liebte es nicht, vor dieser Stunde in seinem Tagewerk gestört zu werden, wenn er auch nie eine Audienz abwies. Beim Mittagessen liebte er behaglich zu verweilen. Der Nachmittag war leichteren Amtsgeschäften oder den Gängen in Schulen und Häuser oder nach der ihm so sehr am Herzen liegenden Armenanstalt zu Trachselwald, ferner Besuchen oder während der „Saison" dem Empfangen von solchen gewidmet. Auch der

Abend, welchen nach alter Berner Sitte ein späteres Nachtessen
schloß, blieb der Geselligkeit, dem Lesen von Zeitungen oder
Zeitschriften oder anderer Lektüre vorbehalten. Bitzius arbeitete
am Abend grundsätzlich nicht, indem er behauptete, die künstliche
Aufregung und die gesteigerte Nerventätigkeit, die diese Zeit
mit sich bringe, seien dem schriftstellerischen gesunden Schaffen
nicht günstig. Man kann daher mit Wahrheit sagen, die Werke
von Bitzius seien alle in der Frische des Morgens geschrieben,
vom frischen Morgenhauch durchweht. Bitzius hat diesen Grundsatz im Leben stets festgehalten. Er durchwachte auch nie Nächte
zum Arbeiten. Seine Werke sind demnach auch in diesem Sinn
in unbegreiflich kurzer Zeit entstanden, indem er nur bestimmte
Stunden darauf verwendete. Nur seine staunenswerte Leichtigkeit
im Produzieren hat dies möglich gemacht. —

Seine Erholungsstunden wurden, namentlich in der schönen
Jahreszeit, reichlich ausgefüllt durch sein liebevolles Interesse
für Haus- und Landwirtschaft, für Feld und Garten, Obstwuchs
und Blumenflor und für alle die tausend kleinen Dinge, die das
Leben auf dem Lande und in ländlicher Umgebung für den
zufriedenen und genügsamen Geist so anmutig, belebend und
fruchtbar machen. Besonders galt den Blumen seine Pflege und
Aufmerksamkeit: er nahm großes Interesse an der Kultur neuer
Blumen und Gartengewächse. Auch die Tiere liebte er sehr.
Er hatte eine Lieblingskatze und fütterte seine Fische und auch
seine Hühner täglich selbst. Alles war stets in bester Ordnung;
die Wirtschaft in Scheune und Feld ließ nichts zu wünschen
übrig. Er war, wie der griechische Dichter sich wünscht, im kleinen
klein und bewahrte sich so den Sinn dafür, im großen groß zu
sein. Bitzius war früher ein sehr rüstiger Mann, der die Gänge
aller Art, weitere und kürzere, sehr liebte. „Er war, wie es in
dem Aufsatz: ‚Die Pfarre von Lützelflüh‘ heißt, eine markig ge-
drungene Gestalt von mehr als mittlerer Größe, kerngesundem,
durch keine Lukubration gebleichtem Antlitz und gedankenreicher

Stirn. So war auch seine Rede: ernst und gewichtig, ohne Wort=
reichtum, wie eines Mannes Rede, auf dessen Lippen nichts
Kleinliches Platz findet, dabei mild, biederherzig, anregsam,
Vertrauen um Vertrauen tauschend." — Besonders hell und
klar war sein Auge, das die Menschen und Gegenstände zu durch=
dringen schien, ohne im geringsten etwas Lauerndes oder Aus=
kundschaftendes zu haben. Man könnte sagen, es sei klar gewesen
wie seine Seele. — Auch sein Kopf mit den schwarzen krausen
Haaren war ein männlich schöner. Bitzius liebte das Einfache und
Prunklose in allem, was ihn umgab. So war auch sein Studier=
zimmer so einfach als möglich ausgestattet. Fröhlich beschreibt
dasselbe in dem angeführten Aufsatz „Aus Jeremias Gotthelfs
Leben": „Es war ein Zwischenzimmer im ersten Stock des Pfarr=
hauses, mit einem einzigen Fenster gegen Mittag, von welchem
aus man zwischen den Bäumen hindurch ins nahe Pflanzland,
über einige Häuser weg auf jenseitige Hügel und Wälder sieht,
über welche mit seinem leuchtenden Schnee und seinen schwarzen
Felswänden der Eiger hereinblickt. Jeremias einfacher Arbeits=
tisch war von der Aussicht abgewendet und gegen die Wand ge=
kehrt, als wollte sich der Arbeitende von dem Reiz der Aussicht
nicht zerstreuen und von anderen ihm vor der Seele schwebenden
Bildern nicht abbringen lassen." Auf einem Stuhl neben ihm
lagen Parochialbücher, und Fröhlich bemerkt, „daß unter diesen
eins mit besonders glänzendem Goldschnitt gewesen, das Buch,
aus welchem er auf der Kanzel die Eheverlöbnisse verkündete;
durch diese freilich unbedeutende Äußerlichkeit habe er wohl zu
verstehen geben wollen, es sei dies auch ein Buch des Lebens,
und es sei nicht eine leere Förmlichkeit, in dasselbe aufgeschrieben
und aus demselben verkündet zu werden". Auch lag neben ihm
die Bibel aufgeschlagen, „durch und durch, aber besonders auch
in ihren Propheten viel gelesen" (wie Fröhlich bemerkt). — So
war das schlichte Studierzimmer beschaffen.

Bitzius liebte am meisten die kleinen, vertrauten Kreise, und

158

nichts ging ihm über ein trauliches Gespräch mit einem guten
Freund. Ein solches fehlte ihm nie. Lützelflüh selbst bot ihm solchen
befreundeten Umgang. Besonders waren es die Brüder Geißbühler, angesehene, höchst einsichtige und wackere Männer, mit
denen er, namentlich mit Herrn Ulrich, fortwährend im vertraulichsten Verkehr stand und so manche freundliche Stunde ver-
plauderte. Beide waren, wie Bitzius, Freunde und Kenner des
Volkes, in Geschäften erfahren und teilten Bitzius' Ansichten
und Gesinnungen. Er unterhielt sich auch oft, namentlich mit
Herrn Ulrich Geißbühler, über seine Schriften, teilte ihm alle
Manuskripte seiner Werke mit und wußte seine Bemerkungen,
seine genaue Kenntnis des Volkslebens und der Volkszustände
gehörig zu würdigen. Sein Tod ließ beiden Brüdern eine nie zu
ersetzende Lücke zurück. — So war ihm Freundesgespräch eine
liebe Erholung, und wer das Pfarrhaus zu Lützelflüh kennt,
weiß, wie viele Schattenplätzchen in der schönen Jahreszeit sich
für solche engste Kreise und Gespräche darboten. Die Stunden,
die Bitzius entweder im Kreis seiner Familie zubrachte oder mit
einem oder zwei Freunden des Hauses, waren wohl seine glücklichsten. — Allein sein Haus war längst nicht mehr die stille,
abgeschlossene Pfarrerswohnung, sondern es war eine auch so
vielen ferne in der weiten Welt Wohnenden und Fremden bekannte Stätte geworden, nach welcher in der Reisejahreszeit so
mancher pilgerte, um den Mann kennenzulernen, der durch
seine Schriften sein Vertrauter, der Erheiterer seiner freien Stunden, der Mitdenkende seiner Gedanken und der Mitfühlende
seiner Gefühle geworden war. Die Gastfreiheit, die in diesem
Hause wohnte, die schöne, freie, wohlwollende Simplizität, die
dort den Eintretenden empfing, ist einer der schönsten Züge in
Bitzius' Wesen. Sie fließt von jenem inneren Wohlwollen aus
und zeigt die freie harmonische Natur an, welche der Welt und
den Menschen einen Reichtum von Wärme und Leben entgegen-
bringt, den die Einsicht des Schlimmen in der Welt nicht ver-

kümmern, nicht mindern oder erstarren lassen kann. Der Besuch
von Fremden und Bekannten war im Sommer ein sehr häufiger,
und Bißius war allen ein so freundlicher Wirt, man fühlte sich
in diesem Pfarrhause so heimisch, die Unterhaltung war so be=
lebt, so geistreich und ungezwungen, daß mancher, der, aus weiter
Ferne kommend, die Heimat von Jeremias Gotthelf nicht leicht
wiederzusehen hoffen konnte, mit bewegtem Herzen diese gast=
liche Schwelle verließ. Man konnte an jenes Haus von Stauffacher
denken, das, jedem offen, an der Straße stand, und in welchem
Friede, Freiheit und Mannlichkeit wohnte. Der Verfasser dieser
Biographie gedenkt noch der Szene eines solchen Fremden=
besuches, die zu seinen anmutigsten Erinnerungen gehört. Es
war ein herrlicher Sommersonntag vor etwa sechs Jahren, einer
jener Sonntage, wie sie so oft in Bißius' Schriften geschildert
werden, im ganzen Glanze der Natur und der feiernden Menschen=
welt. Bißius hatte schon über die pharisäische Anschauung des
Sonntags gepredigt, und ein schönes Gellertlied, vom gemischten
Chor der Jugend gesungen, hatte die kirchliche Feier beschlossen.
Nach schnell verflogenem Morgen saßen wir am Mittagsmahle,
als ein Fremder sich meldete, der sogleich herein beschieden wurde.
Es war ein junger Maler aus Lübeck, der auf einem Ausflug
nach Süden die Schweiz durchwanderte und sich sofort bei Bißius
als einen seiner eifrigen Leser einführte. Er sprach die lebhafte
Befriedigung aus, den Schriftsteller persönlich zu sehen, dessen
Schriften er, wie er sagte, so oft an den langen Winterabenden
in befreundetem Kreis in der fernen Ostseestadt vorgelesen habe,
und der durch diese Schriften ein lieber Bekannter geworden.
Man besprach dann allerlei, deutsche und schweizerische Zustände.
Nach einer Stunde entfernte sich der anspruchslose Besucher
wieder, und dem Verfasser dieser Biographie wurde die große
geistige Macht des Schriftstellers klar, der so in die Ferne zu
wirken versteht, weil er den Schlüssel zu den Gemütern von
Tausenden gefunden.

Woburch bewegt er alle Herzen?
Ist es der Einklang nicht, der aus dem Busen bringt
Und in sein Herz die Welt zurücke schlingt?

Diese Gastfreiheit, diese herzliche Freude des Mitteilens an andere, welche der Engländer „Kind heart and open hand" nennt, veranlaßte einmal Bitzius' Schwester, scherzend zu sagen, es sei schade, daß er nicht ein Prinz sei, um seiner Freigebigkeit und Splendibität volles Genüge leisten zu können.

So große Empfänglichkeit für gesellige Freuden und so viele Ansprüche auf seine Zeit hinderten indessen Bitzius durchaus nicht, den Pflichten seines Amtes aufs pünktlichste nachzukommen. Seine Pfarrgemeinde hatte an ihm einen treuen Seelsorger, einen zu jeder Stunde bereiten Ratgeber und Freund. Nie hat er, weil er etwa gerade im Zuge war zu schreiben, eine Audienz abgewiesen oder Ungebuld bei einem zu langen Verweilen eines Ratsuchenden gezeigt. Im Gegenteil hielt er diese vertraulichen Audienzen für einen wichtigen Teil seiner Seelsorge, und es ist uns erzählt worden, daß Bitzius einmal, als er gerade nach Burg= dorf an ein Turnfest gehen wollte, um über Mittag dort zu bleiben, an diesem Gange durch eine alte Frau aus der Gemeinde ver= hindert worden, welche schon frühe gekommen, den ganzen Vor= mittag geblieben sei und ihm über wichtige Familienangelegen= heiten das Herz ausgeschüttet habe, so daß er später geäußert, er hätte nicht um alles in der Welt die Audienz abgebrochen, da er dadurch diese von schwerem Seelenleiden gedrückte Frau vielleicht vor geistiger Zerrüttung habe bewahren können. Wir haben schon früher bemerkt, daß Bitzius der Menschen Vertrauen gewann, weil er ein Herz zu ihnen hatte und sich die Zeit nicht verdrießen ließ, sie anzuhören und ihnen zu raten; so wurde er der Vertrauensmann vieler, und die Herzen schlossen sich ihm bereitwillig auf. Er legte auch um so mehr Gewicht auf diesen geräuschlosen Teil seines Wirkens, als seine Wirksamkeit als Prediger wegen seines von Jugend auf etwas undeutlichen

Sprechens infolge eines mangelhaften Sprachorgans, wodurch namentlich in späterer Zeit das Verständnis seiner Predigten wesentlich erschwert wurde, eine geringere war, obwohl seine Vorträge gehaltreich und nichts weniger als unbedeutend gewesen. Wir sehen dies letztere schon aus den vielen Bruchstücken aus Predigten und anderen Reden in seinen Werken, die meist wirklich gehaltenen Vorträgen entnommen sind. Auch fanden einige seiner Predigten, die gedruckt wurden, großen Beifall. Er war in seinen Kanzelvorträgen stets reich an Gedanken, von großer Klarheit und oft von gewaltiger Stärke. Nur das Organ fehlte zu ihrem vollen Wirken. Gleichwohl war ihm das Predigen, wie Fröhlich bemerkt, stets eine liebe Aufgabe, die er nie vernachlässigte.

Aber auch in der Seelsorge ging er seinen eigenen Weg. Er suchte die Leute nicht in ihren Häusern auf und vermied gern das Absichtliche solcher Besuche. „Er kannte", so schrieb uns ein Bitzius sehr nahestehender Amtsgenosse, „seine Emmenthaler zu gut, um nicht zu wissen, daß solche förmliche Besuche selten das gewünschte Resultat haben, da entweder der zu Besuchende wegen mangelnder Beweglichkeit des Geistes nicht eben aufgelegt ist, seine Aufmerksamkeit rasch von der Außenwelt auf sein Inneres zu wenden, oder derselbe die Horcher scheut oder von Natur in seinem eigenen Hause viel weniger sein Herz ausschütten kann als außerhalb desselben." Er packte daher die Leute draußen bei der Arbeit, auf dem Felde, kurz, wo er sie fand, an und suchte allen die Verlegenheit zu ersparen, die man bei der Wahrnehmung besonderer Absicht des Besuchenden leicht empfindet. Bei vielen durfte er nicht einmal auf solche Weise verfahren, indem sie ihn in seinem eigenen Hause aufsuchten, wo sie ebenfalls ungestört waren. Ermunternd und tröstend gegen Trostbedürftige, liebreich gegen Ratholende, war er strenge gegen träge Arme, trat mit Kraft dem Bösen und Unlauteren entgegen. Aber wo etwas Gutes, Heilsames, Gemeinnütziges

im Werke war, befand er sich unter den Urhebern oder eifrigsten
Beförderern. Er war der Freund seiner Gemeinde und verkehrte
stets in ungezwungener Weise mit den Gemeindegenossen, indem
er überhaupt von dem Verhältnis des Geistlichen zu diesen alles
Feierliche, Steife, Gemessene zu entfernen suchte und in der
Seelsorge das allzu Methodische und Förmliche vermied, weil
er glaubte, daß beides dem Wirken des geistlichen Amtes Eintrag
tue und die Herzen oft durch den Schein von Kälte und Teilnahm=
losigkeit und allzu große Rücksicht auf den offiziellen Charakter
entfremde. Wie er in der Religion das allzu starr und straff
Dogmatische nicht liebte und den Geist über den Buchstaben
setzte, so verfuhr er auch in der Seelsorge, wie sein alter Pfarrer
in Anne Bäbi Jowäger, mit christlicher Milde und Humanität.
So wird er im Andenken seiner Gemeinde fortleben, und so hat
er, durch natürliches Wohlwollen Vertrauen erweckend und von
Welterfahrung und Klugheit unterstützt, in so manche Wunde
Balsam gegossen, so manche bekümmerte Seele erleichtert und
in den wichtigsten und zartesten Privat= und Familiensachen
Rat und Ausweg gewußt. Er betätigte jene schöne Mahnung
des Dichters:

Edel sei der Mensch,

Hilfreich und gut.

Wir haben schon früher bemerkt, wie hilfreich er von Jugend auf
war, wie es seiner energischen Natur entsprach, überall anzu=
greifen, wo es etwas zu tun, zu raten und zu taten gab, beizu=
springen, wo Hilfe erwartet wurde, mit dem Beispiel voranzu=
gehen, wo es neue Einrichtungen, Verbesserungen, Organisationen
galt. Er lebte für das, was ihm am Herzen lag, und entzog sich
im täglichen Leben keiner Pflicht, die der Mensch vom Menschen,
der Genosse vom Genossen, der Bedürftige und Notleidende von
dem Hilfefähigen, vom Unglück nicht Heimgesuchten erwarten zu
dürfen glaubt. Wie bei dem täglich Vorkommenden, so war
Bitzius auch bei großen Unglücksfällen schnell zum Handeln ent=

schloſſen, und von seinem mutigen und ausdauernden Benehmen
in solchen Augenblicken wissen viele zu erzählen. So arbeitete er
beim großen Spitalbrande in Lützelflüh im Jahre 1848 die ganze
Zeit an der Sprihe oder in der Eimerreihe. Man fürchtete damals
für das Leben mehrerer im Hause noch zurückgebliebener Kranker,
deren Rettung zweifelhaft war. Bihius wich nicht vom Plahe,
bis diese Rettung gelungen und er sich von derselben überzeugt
hatte. Ein andermal, bei einem Brande zu Toggenbrunnen,
stand er während mehrerer Stunden im Wasser des Weihers,
um löschen zu helfen, und bei einer dritten Feuersbrunst rettete
er durch einen genialen Einfall ein Nebengebäude, welchem man
sich wegen allzu großer Hihe nicht nähern konnte, indem er mit
großer Mühe einen ungeheuren Laden herbeischleppte und den=
selben an das zunächststehende Haus so anstellte, daß man, hinter
demselben vor der entgegenströmenden Hihe geborgen, das Sprihen
gegen das bedrohte Gebäude mit Erfolg vornehmen konnte.

Ein so tatkräftiges Wesen wurde bei Bihius freilich durch einen
starken, robusten Körper unterstüht. Er war eine von jenen ge=
drungenen Gestalten, die auf gute Konstitution, auf Kraft und
Zähigkeit schließen lassen. Da seine Lebensweise im ganzen ge=
regelt und einförmig war und auch keine gewaltsamen oder lang=
sam aufreibenden Leidenschaften an seinem Leben nagten, schien
er noch auf lange Jahre zählen zu können. Dennoch war seine
Gesundheit bereits erschüttert und seit längerer Zeit nicht mehr
die alte. Vieles mag dazu mitgewirkt und endlich die Entwicklung
seiner lehten Krankheit herbeigeführt haben. Schon der Gebrauch
des Jodins, welches angreifende Mittel er gegen ein Halsübel,
einen dicken Hals, gebrauchte, wirkte nachteilig auf seine Kon=
stitution. Dazu kam, daß Bihius bei reichlicher Nahrung sich zu
wenig Bewegung machte und in späteren Jahren wegen Herz=
beklemmungen seltener zu Fuß ging. Diese Herzbeklemmungen
entstanden aus einer Hypertrophie des Herzens, an welcher er
litt, sowie auch an Leberhypertrophie, und seine Lebensweise

164

war, namentlich in betreff dieser Übel, die häufig Bedingungen zur Wassersucht sind, undiätetisch. Schon im Jahre 1851 hatte er geschwollene Füße. Auch wurden Katarrhe häufiger als früher. Zu diesen letzteren mag auch der Umstand beigetragen haben, daß Bitzius im Winter bei sehr starkem Kaminfeuer arbeitete, welchem er, an seinem Pulte sitzend, den Rücken kehrte, und dann oft stark durchwärmt, um Bescheid zu geben oder dies und jenes zu be= sorgen, von der glühenden Kaminhitze an die kalte Luft hinausging, welcher plötzliche Temperaturwechsel sich alle Tage einige Male wiederholte und katarrhalische Affektionen leicht erzeugen konnte.

Endlich müssen wir zu allem diesem auch die unausgesetzte geistige Anstrengung von Bitzius als einen Faktor, der lebens= verkürzend wirkte, aufzählen. Alle seine so zahlreichen Werke sind in dem verhältnismäßig kurzen Zeitraum von achtzehn Jahren entstanden, neben anderen Tätigkeiten, die den Verfasser vielfach in Anspruch nahmen, und dieser Geistesanstrengung setzten keine periodischen Erholungen und Zeitabschnitte gänzlicher Abspannung ein Gegengewicht zur Seite. Das Reisen, diese herrliche Panazee bei starker geistiger Arbeit, wurde ihm nur selten und auf ganz kurze Dauer zuteil. Die wenigen Ausflüge und Reisen, die er machte, behagten ihm stets vortrefflich. So machte er im Sommer 1846 eine Reise durch die Ostschweiz über Schwyz und Graubündten. Im Jahre 1850 besuchte er die Predigerversammlung in Neuenburg, und im Jahre 1851 nahm er an der gleichen Vereinigung in Liestal teil und reiste von da auch nach Straßburg und Baden. Es war das einzige Mal seit so langer Zeit, daß er aus der Schweiz herauskam. Von einem Ausflug nach Seelisberg in Unterwalden im August 1852 hat uns Fröhlich einige Züge aufbewahrt. Sonst war er nie abwesend, als höchstens ein paar Tage im Kanton selbst, wozu auch seine Pastoralwürden ihm Anlaß gaben. Er war nämlich in seinem Kapitel Kammerer (zweimal war er im ersten Vorschlag als Dekan, allein die Regierung bestätigte den Vorschlag nicht, was

ohne Zweifel dem „Jeremias Gotthelf" und seiner oft so un=
bequemen Feder galt) und präsidierte zweimal die Kantonal=
pastoral=Vereinigung. — Diese allzu seltene Abspannung von
der stets gleichförmigen Anstrengung des Geistes hat ohne Zweifel
auch ihre nachteilige Wirkung geäußert. Bitzius selbst mochte
fühlen, daß seine Gesundheit schwächer geworden. Eine Stelle
im Schlußwort zur ersten Ausgabe von „Geld und Geist" deutet
auf solche Vorgefühle eines nicht sehr langen Lebens. „Die Bitzius
werden nicht alt," sagte er zu seiner Frau; „ich muß schaffen,
solange es Tag ist. Vielleicht, daß mir die Vorsehung deswegen
erhöhte Kraft zum Produzieren gab, weil ich in kürzerer Frist,
als man glaubt, nicht mehr da sein werde."

Im Sommer 1853 besuchte Bitzius auf den Rat seiner Ärzte
das Gurnigelbad, von welchem er jedoch eher schlimme als gute
Wirkung verspürte. Ein fast beständiger Husten half auch die
Kräfte aufreiben. So kam der Sommer 1854, in welchem zu
Bitzius' Zufriedenheit, der Badekuren nicht liebte, keine solche
an Ort und Stelle verordnet wurde, da die Symptome fort=
schreitender Wassersucht schon deutlicher hervortraten. Eine Trink=
wasserkur zu Hause mit Kissingerwasser wurde oft unterbrochen
und nicht diätetisch gemacht. Es gab in diesem letzten Sommer
noch allerlei Festivitäten für Bitzius. So wurde ihm die unerwartete
große Freude eines Besuches seines Verlegers, des Herrn Julius
Springer, zuteil, welchem er auf einer kleinen Tour im Wagen
durchs Emmental gleichsam die Honneurs seiner Heimat in ganz
freudiger Stimmung machte. Andere Besuche blieben natürlich
auch nicht aus. Der Husten wollte unterdessen nicht weichen,
und auch das öftere Einschlafen in voller Konversation und be=
sonders bei Tische war kein gutes Symptom. Im Spätsommer
schien jedoch seine Gesundheit wieder besser zu sein. Denn während
des Besuches eines lieben Freundes mit seiner Gemahlin, der
Ende August stattfand, fühlte er sich so wohl, daß er mit seinem
Gast eine kleine Bergexkursion ohne Beschwerde machte und ihn

verſicherte, er glaube eine recht gute Kur gemacht zu haben.
Auch predigte er wieder, ohne davon ermüdet zu werden. Dieſe
Beſſerung war jedoch nur ſcheinbar und die Krankheit im Wachſen.

Am 4. Oktober 1854 feierte er noch ſeinen achtundfünfzigſten
Geburtstag mit den Seinigen, nachdem er einige Zeit vorher die
herzliche Freude erlebt, daß ſeine ältere Tochter Henriette ſich
mit ſeinem jungen Kollegen im nachbarlichen Dorfe Sumiswald,
dem Pfarrer Rüetſchi, verlobte.

Am 10. Oktober zog ſich Bitzius durch einen Krankenbeſuch
bei einem gefährlich darniederliegenden Unterweiſungsknaben
eine Erkältung zu, die ſogleich einen entzündlichen Charakter an=
nahm, indem ſich Blutſpeien mit ſtarker Oppreſſion einſtellte.
Gleichwohl ſchonte ſich der Erkrankte nicht, legte ſich trotz der
Mahnung ſeiner Ärzte nicht einmal zu Bette und ging noch am
14. Oktober abends in die Armenkommiſſion, die ſich im benach=
barten Schulhaus verſammelte, bei kalter, feuchter Oktober=
witterung. Ein wegen des immerwährenden Blutſpeiens unter=
nommener, jedoch nur ganz ſchwacher Aderlaß hatte zwar, wenig=
ſtens dem allgemeinen Befinden nach, anfangs günſtigen Erfolg.
Allein es trat nun raſch allgemeine Waſſerſucht ein, gegen welche
die angewandten Mittel nicht mehr wirkſam ſich zeigen wollten.
Dabei blieb der Zuſtand ſehr fieberhaft, beſonders der Schlaf.
Der Kranke war indeſſen noch ziemlich munteren Geiſtes und
hatte auch noch Appetit. Er nahm Anteil an allem, ließ ſich die
Zeitungen vorleſen und intereſſierte ſich lebhaft um die Nach=
richten von der eben damals beginnenden Belagerung Sebaſtopols,
die ihn auch im Schlaf beſchäftigte. Auch empfing er Beſuche von
Freunden, die ihn jedoch ziemlich müde machten. Noch in den
letzten Tagen beſprach er ſich mit ſeinem aus Lauſanne herbei=
geeilten Sohn Albert über die Kollegien, die dieſer im Winter=
ſemeſter hören ſollte. Er ſtellte ſogar noch am 20. Oktober pfarr=
amtliche Scheine aus und ſcherzte dabei. Sein Befinden war
überhaupt leidlich. Noch am 21. Oktober, dem Tage vor ſeinem

Tode, unterhielt er sich mit den Seinigen wie gewöhnlich und
scherzte mit den beiden ihm sehr befreundeten Ärzten (der eine
war sein Universitätsfreund Dr. Dür in Burgdorf, der andere
Dr. Maret, ebenfalls ein alter, langjähriger Freund, beides
treffliche Praktiker), die ihn nachmittags besuchten. Abends speiste
er noch etwas wie gewöhnlich und besprach sich mit seiner Frau
wie die früheren Abende. Die Nacht war auch nicht schlimmer
als gewöhnlich und verlief ohne besondere Unruhe, als morgens
um 5 Uhr plötzlich ein Stickfluß eintrat, der sein Leben still und
ohne Schmerzen endigte. Es war gerade Sonntag und sein Scheiden
so sanft wie dasjenige, das er selbst in dem „Sonntag des Groß=
vaters" so rührend schildert. Die Trauerkunde verbreitete sich
schnell und erschütterte nah und fern die Herzen. Über sein Haus
kam ein unbeschreiblicher Schmerz. Nur das konnte mildernd
wirken, daß seiner, wenn ihn nicht ein schneller und schmerzloser
Tod jetzt erlöste, ein langes Siechtum gewartet hätte und dem
lebhaften Geist durch das Bewußtsein des Dahinschwindens
physischer und geistiger Kraft zum bitteren Quäler geworden
wäre. „Ein Leben im Lehnstuhl", schreibt uns treffend ein ver=
trauter Freund des Verstorbenen, „wäre eben auch sein geistiger
Tod gewesen. Draußen bei den Menschen und ihrem Getriebe,
bei ihrem äußeren und inneren Leben, bei den armen gedrückten
Gemütern und Herzen, bei dem jovialen „urchigen" Humor,
bei dem ehrenhaften, ernsten Hofbauer und dem arbeitsamen,
zähen, gottergebenen Tagweer, in der schönen Natur, unter
Bäumen und auf Feldern, da war das Medium, in dem er leben
konnte und mußte." So hatte es die Vorsehung milde gefügt
und ihn nach dem heißen Tagewerke eines in Treue und Ernst
und Kraft verlebten Daseins ohne schmerzvollen Übergang ab=
gerufen. Und so konnte auch auf seinen Tod das eigene schöne
Wort im „Sonntag des Großvaters" bezogen werden: „Der
Schatten, den der Tod eines Gerechten über das Leben der
Seinen wirft, vergeht, wenn die Hoffnung aufgeht, und zum

Bewußtsein kommt, wenn der Tote zu Grabe kommt und sein
ganzes Leben verklärt vor den Augen der Seinen steht."

Sein Begräbnis fand am 25. Oktober statt. Eine große Menge
Volkes folgte dem Sarge. Die Amtsgenossen waren zahlreich
vertreten, ebenso die Gemeinde, die Armenanstalt von Trachselwald, die einen so liebevollen Pfleger verloren. Es war ein großer
Trauertag. Auch die studierende Jugend Berns fehlte nicht.
Viele Freunde des jungen Bitzius fanden sich ein, zum letzten
Geleite des Mannes, der so sehr der Freund der Jugend gewesen
war, der sie gern heiter und jovial, aber auch maßvoll und kräftig
wünschte. Dekan Farschon, ein intimer Freund von Bitzius, hielt
die Leichenrede, in welcher er der vielen Beziehungen gedachte,
in denen der Tod von Bitzius eine unersetzliche Lücke mache,
und namentlich von seinen Schriften sagte, „sie seien nicht eitle
Spiele der Phantasie, um über eine langweilige Stunde hinweg-
zuhelfen, sondern enthielten Schätze von Belehrung, Ermahnung
und Warnung, dem Volk zum Frommen, wenn es darauf achte".

Auf dem Kirchhofe zu Lützelflüh, in der Mitte der abgeschiedenen
Geschlechter seiner Gemeinde, in der Nähe der Ruhestätte seiner
Mutter, ist sein Grab, welches ein einfaches Grabmal schmückt,
das ihm seine Gattin errichten ließ. Dasselbe ist ein Stein von
gotischer Form, mit Ziselierung oben, und trägt die Inschrift:
Hier ruht im Frieden Gottes Albert Bitzius, Jeremias Gotthelf,
aus Bern, während 22 Jahren Pfarrer dieser Gemeinde, geb.
den 4. Oktober 1797, gest. den 22. Oktober 1854.

I. Korinther XV. 54, 55. Der Tod ist verschlungen von dem
Sieg. Tod, wo ist Dein Stachel? Hölle, wo ist Dein Sieg?

Sprichwörter XII. 17, 19. Wer wahrhaftig ist, der sagt frei,
was recht ist; aber ein falscher Zeuge betrügt. . . . Wahrhaftiger
Mund bestehet ewiglich, aber die falsche Zunge besteht nicht lange.

Das schönere Grabmal jedoch hat er in den Herzen der Menschen
gefunden. Ihm wird, wie allen, von denen eine große Wirkung
ausging, zuteil werden, was der griechische Geschichtschreiber

cinen großen Bürger seinen rühmlich Gestorbenen nachrufen läßt:
„Ausgezeichneter Männer Grabmal ist der ganze Erdkreis, und
nicht bloß der Denksäulen Inschrift in der Heimat verkündet ihren
Ruhm; auch in fremdem Lande lebt ohne Schrift ihr Andenken
nicht sowohl im Werke des Künstlers als in den Gemütern fort."

Und dieses Andenken wird, davon sind wir überzeugt, mit den
Generationen wachsen. Die alles läuternde Zeit wird auch s e i n
Bild dem Betrachtenden, wenn die Gemüter ruhiger und die
Tage in betreff u n s e r e r Kämpfe parteiloser geworden, größer
und deutlicher erscheinen lassen und zum Gemeingut des ganzen
Volkes machen. Wer in heftig bewegter Zeit, im „ungeschlichteten
Zwist der Völker" seine Stimme erhebt und am Kampfe sich
beteiligt, der wird den Bedingungen dieses Kampfes, dem starken
Widerspruch, der bitteren Anfeindung nicht entgehen. Aber
wenn was Rechtes an ihm gewesen, wenn er von probehaltigem
Metall war, wenn er der Welt Bleibendes und Wahres zum
Bewußtsein brachte, so wird sein Ehrentag nicht ausbleiben.
Das Volk wird mit Liebe dieses Bild hervorsuchen und sich an
seinen Zügen erfreuen. Es wird gutes Gold finden, und mancher
wird sich wundern, daß er früher dies nicht erkannt und den Wert
des Metalls zu gering geachtet. Diese Genugtuung wird auch
Bitzius werden, oder vielmehr sie ist ihm schon geworden. Als im
Sommer nach seinem Tode sein vortreffliches Bildnis in Öl,
von unserem Dietler gemalt, auf das Verlangen einiger Freunde
nach Burgdorf geschickt wurde, um den Saal der damaligen
Industrieausstellung zu zieren, sammelten sich die Landleute
besonders um das Bild, und viele erinnerten sich bewegt des
Geschiedenen und riefen sich sein Leben und Wirken ins Gedächtnis
zurück. So wird für so manchen der Tote ein anderer werden,
als der Lebende ihm war. Wie manchen Haß hat schon die Zeit
begraben! Wie manche Leidenschaft löscht sie täglich aus! Der
Instinkt des Volkes sagt ihm, daß nicht oft die Männer unter
ihm erscheinen, die seine besseren wie seine schlimmeren Züge

sammeln und ihm einen wahren Spiegel vorhalten. Es wird
den Mann lieben, dem es das Bild dieser Züge verdankt, und,
je besser es sich selber kennen wird, desto mehr lieben. Dem Volks=
geist selbst hat der Schriftsteller diese Züge entnommen und gibt
sie dem Volke, in welchem er sie schaute, zu ewigem Gedächtnis
zurück. Er hat das leicht Verschwindende, im Lebensfluß Dahin=
rollende bleibend gemacht und die dahineilende Zeit ihm stille=
zuhalten gezwungen, um Zeugnis von ihr zu geben denen, die eine
andere sehen werden. Und als er dies Werk vollbracht —, ist er zur
Ruhe gegangen. Seine Mission war erfüllt. Was er leisten sollte,
hat er geleistet. Er legte seinen Griffel nieder und folgte selbst,
wie der letzte eines verschwindenden Geschlechtes, dieser seiner
Zeit nach, die er uns noch im Bilde zeigen konnte. Es war ein
richtiges und allgemeines Gefühl, welches bei seinem Tode diesen
Gedanken aussprach. „Er war ein Barde, der gehen mußte, so=
bald er die abgelaufene Zeit beschrieben und besungen.“ Dies
treffende Wort eines Freundes drückt jenes Gefühl aus, und gerade
das, daß er Zeiten und Zustände fixiert hat, die nicht mehr wieder=
kehren, die anderen und neuen Erscheinungen, einem anders
denkenden Geschlecht Platz machen, muß ihm besonders in den
Augen seiner Heimatgenossen einen höheren Wert geben, weil
doch jedes Volk sich gern im Spiegel seiner Vergangenheit besieht
und gern im Geist das Bild früherer Tage zurückruft. Es ist ein
Anspruch mehr, den er auf seiner Landsleute Zuneigung hat;
denn wenn er auch als Schriftsteller der Bürger vieler Länder
und vieler verschiedenen Volksstämme geworden, so lag doch
seine Virtuosität eben in seiner Nationalität, und er wurde ein
echter Dichter, ein Schriftsteller von solchem Gepräge und Metall,
weil er ein echter Schweizer, ein ausgeprägter Berner war.
Denn ohne einen solchen bestimmten und ausgeprägten Volks=
charakter kann sich so wenig ein großer und wirksamer Schrift=
steller bilden, als wir uns einen Baum denken können, der groß
und mächtig würde, ohne recht in seinem Boden zu wurzeln.

*　*　*

Inhaltsangaben

* * *

Der billige Volks-Gotthelf

Eben ist erschienen:

Jeremias Gotthelf

Volksausgabe in zehn Bänden

Jeder Band in Halbleinen Fr. 4.50,

auf holzfreiem Papier, in festem Buckramleinen Fr. 7.50

Die Bände der Volksausgabe enthalten den gleichen Text und weisen das gleiche Format und das gleiche schöne Druckbild wie die Bände der großen Ausgabe. Der wissenschaftliche Anhang ist weggelassen. Wem die Bände der großen Ausgabe zu teuer sind und wer auf den wissenschaftlichen Anhang keinen besonderen Wert legt, der greife zu dieser Volksausgabe. Sie enthält folgende Werke:

Der Bauern Spiegel;	Anne Bäbi Jowäger, zwei Bände;
Der Schulmeister, zwei Bände;	Geld und Geist;
Uli der Knecht;	Käthi die Großmutter;
Uli der Pächter;	Die Käserei in der Vehfreude.

Die Bände sind auch einzeln zu haben.

Jeremias Gotthelf / Die schwarze Spinne

Mit 30 Zeichnungen von René Beeh

Liebhaberausgabe in großem Format und prächtigem Druck, die Zeichnungen zum Teil farbig in Pappband Fr. 7.50, in Halblederband Fr. 9.—

„Gotthelf hat in seiner Erzählung die Wucht der Antike. René Beeh ist heißer, wilder, heftiger, furioser, das Verhängnis selber schwingt auf seinen Blättern blind und erbarmungslos die Geißel." **Frankfurter Zeitung.**

„Des Jeremias Gotthelf Novelle von der schwarzen Spinne ist von einer ausbrechenden Weite des Wurfs. Novelle wird zur Epopöe. Das Örtliche wird zum Menschlichen und Welthaften, das Bernländische zu einer divina commedia von Sünde und Fluch." **Dr. W. Hausenstein i. Berliner Tagebl.**

„Das Buch wird in seinem schönen typographischen und künstlerischen Zusammenklang einmal eine bemerkenswerte Marke für das Illustrationswesen unserer Tage bilden." **Dr. J. A. Beringer im Bad. Generalanzeiger.**

Eugen Rentsch Verlag, Erlenbach-Zürich
München und Leipzig

www.ingramcontent.com/pod-product-compliance
Lightning Source LLC
LaVergne TN
LVHW011208190726
843642LV00004B/1128